子どもの力を伸ばすために本当に必要なこと

～日本最大級の教育組織で40年以上、
現場で見えてきた答え～

頌徳善導
SHOTOKU Zendo

文芸社

はじめに

春先になると新聞には、毎日これでもかというほど、塾の生徒募集チラシが入ります。この時期は、半ば恒例行事のようになっています。どのチラシも、生徒を獲得するために、学習効果を高らかにうたっています。それを眺めていると、そこで学べば望むような力がついて、目指す学校に入学できそうな錯覚に陥ります。不合格者が存在するのかと思います。チラシで募集をしている生徒は、幼児から高校生に至るまで年齢には大きな幅があります。年齢に合わせて、様々なニーズがあるのでしょう。それに対応するために塾は存在して、教育産業は活況を呈しています。

日本では、公教育の学校以外の場である塾で、多くの子どもが学んでいます。教育を語る時に、塾の存在を抜きにして語ることは、もはやできないと言っても決して言いすぎではありません。公教育と異なって、私教育である塾で学ぶと、保護者には当然、経済的な負担がかかってきます。進学塾で学んで私立中学校受験を目指すなら、相当な出費を覚悟しなければなりません。生徒にとっても、学ぶことが著しく増えるので、精神的にも、時間的にも大きな負担がかかります。

友だちが通い出したので、行きたい学校もないのに、ただ何となく周りの雰囲気で、進学塾へ通い始める生徒がいます。また、優秀な生徒しかとらない進学塾へわが子を通わせ、ステータス感を満足させる親も中にはいます。生半可な気持ちで学び始めて、受験勉強のベルトコンベアーに乗り、不合格になればお金と時間は大きな無駄になります。塾のような私教育は、公教育とは異なり選択の余地が消費者側にあります。必要でないと思えば、当たり前のことですがわが子を通わせなくてもよいのです。目的があって、通わせればよいのです。

ものには二面性があります。よい面もありますが、必ず悪い面、弊害があります。わが子を通塾させるなら、必ずそのことを知って通わせていただきたいのです。「後悔先に立たず」という言葉があります。通わせてからこんなはずではなかった、ということは絶対に避けなければなりません。塾の弊害、中でも進学塾の弊害は、努力に見合った成果が出なかったり、目指す学校に合格できなかったことで、子どもにとって最も大切な自信をなくしてしまうことにあります。長く続く人生において、自信は最も必要なものです。その自信を中学校へ入学する前になくして、長い人生を歩いていくことを考えると辛くなります。学習することの意味を考え、多くの塾が乱立している中で、塾をどのように活用すればよいのか、しっかりと考える必要があります。

全国的な規模で受験をする高校入試と比較しますと、中学校受験は首都圏や京阪神地域の教育熱心な層の受験が主になります。

それで、保護者が教育にかけるお金は、高校入試の時が一番多く、その次に多くなるのは中学入試の時です。親にとってはお金をかけただけの効果を得るために、子どもにとってはかけた時間に応じてその成果が表れてほしいものです。期待した成果を得るには、どんな力が必要なのか、そのために子どもの年齢に応じて何をしなければならないのかを、しっかりと考えておこなう必要があります。教育は、知識をもって計画的にするのとしないのとでは、結果は大きく変わってくるからです。

私は、大学を卒業してから40年間以上にわたって、教育産業の塾業界に身を置いてきました。子どもを教える多くの先生や、生徒、保護者と接しました。そこで感じたことは、学力が伸びる生徒や保護者には、多くの共通点がありました。だれもが楽に高い学力を得ようとするなら、それを上手に活用すればよいのです。一人の人が成功した足跡ではなく、多くの人が通ってきた成功につながる道を歩めばよいのです。共通点の内容は至極当たり前のように思われるかもしれません。そんなことはできているとお感じになるかもしれません。しかし、いざやってみるとできなかったり、三日坊主になり長く続きません。

私が勤めた塾は、内向きの文化が強く外部との交流が少ない社風でした。視野を広げ「井の中の蛙大海を知らず」というような状態にならないために、また、考え方が偏らないようにするために、私は会社の中でのコミュニケーションだけにとらわれないようにしました。教育に従事する人も含めて、積極的に会社以外の人たちと話をする機会を努めてもつように心がけました。そのせいもあって、公教育の学校の先生と親しくなりました。立場を超えて教育について多くのことを話し合い、生徒の学力を向上させるために、必要なことや力を注いでいることについて、本音を聞くことができました。お話をさせていただいた先生方には、上から目線で叱られるかもしれませんが、予想していたよりもずっと熱心でした。溢れるような情熱と生徒を伸ばしたいという強い思いをもって、日々の生徒指導に取り組んでおられました。

「類は友を呼ぶ」という言葉が示すように、私の周りには同じような考え方の教師が集まったかどうかはわかりません。私と学校の先生は、学力を伸ばすポイントは、ほとんどと言ってもよいほど同じものでした。子どもを伸ばしていくことを第一義に考え、長年の教育の現場から得た考えを曲げないで、私の考えていることや、感じたことをありのままに本書では伝えるようにしました。

目次

第2章

第3章

第4章

第5章

第6章

第7章

第1章

子どもの教育に対する大切な知識や情報が次の世代に伝わらない

■多くの親が知識をもたないでわが子の教育をスタートしている

「おや、こんなことも知らないのか」

今の子どもをもつ親についての印象を一言で言うなら、このような感じになります。

40年以上にわたって、日本最大級の塾を私は勤め上げました。退職する時につくづく感じたのは、意外かもしれませんが、子どもの教育に対する有用な知識や情報が、次の世代にはほとんど伝わっていないことです。知っていれば何でもないことが保護者の悩みになり、わざわざ遠回りをして目的地に行くような教育が、いたるところでおこなわれています。

特に乳幼児期からの働きかけや、知育の考え方と方法が、次の世代にはほとんどと言ってよいほど伝わっていません。乳幼児期はとても大切な時期で、知識があれば労力の負担も少なく、大きな成果が上がります。しかしながら、子どもをもつ親はどうしてよいのかわからずに、本やWEBから情報を集めています。乳幼児教育において、多くの親は予備知識なしのゼロからスタートをしています。

そのことを裏付けるような身近な例ですが、退職する数年前から、現役社員が子育てや教育を話題にして話しているのを聞いたり、近所で幼児をもつ母親同士が話す内容が耳に入ったりすると、「おや」と思うことが1度ではなく、たびたびありました。私の中では半ば常識になっていることを、全くと言ってよいほど知らないのです。子どもの能力を伸ばす働きかけの仕方を知らなかったり、取り違えて理解をしていました。

本当に有用な情報は、なかなか出回らない

なぜだろうと考えてみました。子育てや教育についての話は、うわべだけの話ならいくらでもできるのですが、少し込み入って具体的な内容になると、親しい間柄でもあまりで

きていない気がしました。

母親同士が集まり、わが子にこんなことをすると、このような成果が出たというように気軽に打ち解けて話すような場はなく、たとえあったとしても自慢話のように聞こえるのを恐れて話さなかったりします。また、忙しくて集まりの場へ顔を出すことができないなど、理由は様々ですが、知育を含めて子育てに関する有用な情報があまり伝わっていません。


今の時代、子育てや知育などの経験から得た良質な情報は、残念なことに、人から人へ伝わらなくなっています。家庭内で埋もれて消えてしまいます。とても、それはもったいないことです。

このような現状を直していかなければ、無理や無駄が多くなり、子育ての負担が大きくなり効果も低いものになります。子どもの能力を無理なく伸ばしていくことはできなくなります。大切なことを子どもが大きくなってから知っても、成長した子どもの年齢を幼児期に巻き戻すようなことは決してできません。後の祭りにならないようにしなければなりません。

■知っているのと、知らないのとでは大きな違い

教育においては、少し知っているだけで、悩んだり心配したりすることがなくなることがあります。一例をあげますと、幼児や低学年の生徒は、少し前に習ったことをすっかり忘れてしまうようなことがよく起こります。多くの子どもを見ている私からすれば、取るに足らないようなことなのですが、このことを知らない親は、とてもびっくりして心配します。中には、子どもの将来を悲観する親もいます。また、忘れることに対して、わが子を叱る保護者も出てきます。

しかし、忘れていた箇所を再度、練習をすると、子どもはすぐに思い出します。初めてその箇所を学習して内容を習得するためにかけた時間と、忘れた内容を思い出すのにかける時間は、後者の方がはるかに短い時間になります。幼児、低学年における、前に習った箇所をすっかりきれいに忘れてしまうという現象については、何も心配をしなくてもよいのです。忘れていれば「復習をして思い出せばよい」と気楽に構えましょう。

もう少し具体的に説明します。小学校の1年生では暗算の5+3、8+1などの足し算

を学習してから、その後に9－6や7－3などの引き算をします。引き算の計算ができるようになった頃に、足し算の暗算を子どもがすると、すっかり忘れてしまってできなくなっていることがよくあります。親は、小学校1年生の簡単な計算すらきれいに忘れてしまうと、先の中学校や、高校で出てくる難しい内容になれば、わが子はどうなってしまうのか不安になり、将来を悲観します。子どもの特性をよく知っていると、取るに足りないことなのですが、悩んで相談される保護者の方がおられます。

そんな保護者に、

「引き算を学習するようになると、足し算を忘れるような生徒はたくさんいます。忘れても、足し算の箇所を学習するとすぐに思い出します。このあたりの年齢の子どもに多く見られます。全く心配はいりません」と言うと、

「気持ちが楽になりました。気分が晴れました」と、表情が明るくなった保護者を何人も見てきました。

低学年の時に習った内容を忘れるということが起こりますが、では、高学年になればその現象はどうなるのでしょうか。多くの子どもたちを見ていると、学年が上がるにつれて、すぐにきれいさっぱりと習った内容を忘れることはなくなってきます。だから、低学年の

時に習ったことを忘れるということへの心配はいらないのです。忘れていれば、思い出すために復習や練習問題をすればよい、というような気持ちで、子どもに接すればよいのです。

■難しい箇所がわからないと、子どもへの声かけや接し方が上手くいかない

大人の目には、何も難しいようには見えない箇所を学習しているのに、子どもは難しがったり、間違いが増えたりする場合があります。たとえば、小学4年生で出てくる91÷16や552÷23のような2桁の数で割る問題です。そんなわが子を見ても、親にはその難しさがわからないので、誤りが増えるという結果だけに目が行き、つい「なんで、そんなところができないのか」と責めたりします。

視座を転換して子どもの立場になれば、難しい箇所の問題は時間がかかり、誤りが多くなるので、あまり気が進みません。しかし、子どもなりに努力をして、学ぼうとしているのです。本来なら親は、そんな子どもの頑張りを認めて、やる気を出すように褒め言葉の

１つもかけなければなりません。しかし、子どもが何で引っかかっていてわからないでいるのかを理解できないために、全く逆のことをしてしまう親は実に多くいます。そうすれば、子どものやる気は萎えるだけです。親が学習への子どもの意欲を削いでいるのに、子どもの顔を見ると口癖のように「勉強をしたか」と言います。子どもにとっては、たまったものではありません。

保護者は、自分が子どもの時に難しいと感じた箇所やできなかった内容は、時が経ってとうの昔にすっかり忘れています。自分自身も難しいと感じていたし、できなかった内容もあった。それを知っていれば、子どもへの声のかけ方は変わり、子どもの気持ちに寄り添えるようになります。そうなれば、子どものやる気は高まり、学びの効果は大きくなります。

子どもの状態を見て、学習するのに難しい箇所を先に知っていればどれだけ役立つかわかりません。しかし、先輩の母親などから、子どもの学習がスムーズにいかない箇所を教えてもらったりする機会はほとんどありません。

情報は金（きん）なり、子どもへの言葉と行動を変える

私が学習塾の営業所の責任者として働き、会社が乳幼児教育に力を注いでいた時期がありました。何をすれば、無理なく子どもの能力を伸ばし、学力をつけることができるのか、自分なりに模索しました。

この時期の子どもに一番大きな影響力があるのは、何と言っても母親です。そこで、母親の言葉と行動を変えることが、子どもの能力を大きく伸ばすことにつながるはずだと仮説を立てました。

それで、小学校1年生でありながらも、5～6年生の内容を無理なく学習する優秀児のお母さんと、塾に通っている子どものお母さんにアドバイスもおこない、その子を指導している先生を招いてのミニ講演と質問を受ける会を、確か2～3回シリーズでおこなったことがありました。

当日は、優秀児のお母さんに、わが子の知育に関して日頃はどんなことに注意をして、具体的に何をしているのかを50分ほど話していただきました。その後、参加した子育て真っ最中の母親（乳幼児から年長までの子どもをもった母親）を4～5グループに分け、

講演で感じたこと、子育てで上手くいったこと、悩みなどについて、約20分間話し合ってもらい、各グループで出た意見や質問を発表する時間を取りました。

普段は講演後に質問を受けても、なかなか手があがらない場合が多くあります。しかし、この時は違いました。講演した母親の話が身近なもので、多くの母親はわが子の教育に小さい大きいは別にして問題を抱えていたので、次々と質問が各グループから出ました。

現在進行形で子育てや知育教育を上手におこなっているその優秀児の母親の答えは、やっているからこそ言える内容で、すぐに役立つものばかりでした。

例えば、3歳ぐらいの男の子をもったお母さんから、「わが子に文字を書かせる練習をしても、握る力が弱いのでしっかりとした文字が書けないで困っています。どうしたらよいのか」という質問がありました。

その優秀児の母親は、「身の回りにあるものを使って、子どもの握る力を強くすればよい」と言いました。その一例として、洗濯ばさみを開いたり、ハンカチや手拭いに洗濯ばさみを留めて遊び、遊びの中で握る力を強くしていくことをあげました。また、大人が使う長くて丸い鉛筆ではなく、子どもの手の大きさを考慮した、短くて太い芯のやわらかい鉛筆を使うことをすすめました。

別の母親からは、「読み聞かせをすれば子どもが本好きになることを聞いたので、わが子に読み聞かせをすると、少しもじっとして聞かないで、走り回って困っているのでどうすればよいか」という相談がありました。

それに対しては、読み聞かせを始めても最初からじっと座って聞く模範的な子どもはほとんどいなくて、回を重ねるごとに聞くようになるので心配がいらないこと、子どもの聞く様子で好きな本がわかるので、その本を繰り返し読み聞かせをするようにすればよいというアドバイスがありました。

こんなことに悩んでいるのかと思うような質問もかなりありました。しかし、母親にとっては切実な問題です。問題があっても、どのように解決したらよいのかわからずに、抱え込んだ状態になっていることがよくわかりました。先輩であるお母さんのコメントのみならず、指導している先生からのコメントも、保護者は聞き漏らさずにメモを真剣に取っていたのを記憶しています。

この会のシリーズ最後の時に、保護者の一人は私を身近に感じてくれたのか、向こうから声をかけてくれました。

「この会に寄せていただいてから、子どもとかかわる時間が増えて、一緒に過ごす時間が楽しくなりました。表情も変わったように思います。子どもって、本当にすごいところがあるんだなぁと感じるようになりました。あのお母さん（優秀児のお母さん）のお話を聞いてから、すっかり変わりました。本当にありがとうございました」

と、お礼の言葉を言われました。

保護者は、ミニ講演や質問の時間で知育も含めて、具体的に子どもとどのようにかかわればよいのかということを、体得されたのだと思いました。子どもと一緒に過ごす時間が、今まで以上に楽しく充実した時間になったようです。他の保護者からも同じようなことをよく言われました。

その後、子どもたちはどのように変わったでしょうか。

母親は直にいつも子どもと接しているので、変化を体感することができますが、私は子どもが学習に来る時だけなので変化をあまり感じることができません。そこで子どもが学習する1ヶ月分のテキストの学習枚数と進み具合で、簡易的に効果を測定することにしました。するとほとんどの生徒は、学習枚数や進度が月間30パーセントほどアップしていました。確かな知識をもって乳幼児に接して働きかけをすれば、楽しく学んで、思った以上に学習効果が出ることを強く認識しました。

この優秀児のお母さんから学ぶ会は、長年塾に勤めて『優秀児はつくられる』ということに気づくきっかけをつくってくれました。

どの子も、すばらしい能力をもって生まれてきます。子どもへの接し方が上手であれば、子どもの能力は大きく開花します。しかし、多くの家庭では普段の生活に追われて、能力を伸ばし意欲を引き出すようなことには何も意識しないで、わが子に接しています。中には、かえって子どもの意欲を削ぎ、伸びる芽を摘んでいる場合が多くあります。

第2章

伸びる生徒は学ぶ土台がしっかりできている

できる生徒には特色があった

学校の先生は、小学校から中学校まで学校をまたいで生徒を指導することはありません。小学校の先生は、当たり前ですが生徒が小学生の時だけしか、生徒を指導することはできません。中学校の先生なら、生徒が中学生の時だけです。

進学塾の先生は、生徒が入塾してから受験が終わるまでの期間、生徒を指導します。

私が勤務していた塾では、入塾した生徒がやめない限り、長い期間、生徒と接して指導をすることができました。入塾の時にお母さんの後ろに隠れてやってきた幼児が、中学生や高校生になって、塾から巣立っていく場合もありました。学校や一般的な進学塾などと比較して、はるかに長い期間にわたって1人の生徒と接することができました。そんな生徒の保護者の中には親しくなって、学んだ生徒が社会人になってどんな活躍をしているかを教えてもらうこともありました。

長期にわたっての生徒指導と保護者との交流から、そこには短期間では見えないものが見えてきます。子どもを伸ばすために何をすればよいのか、どんな生徒が伸びていくのかということが洗い出されます。

教育は短期的な成果で見るよりも、長期的視点で見た方がよくわかり、信頼性は高いものになります。学校や進学塾などと比べて長い期間にわたって生徒を指導する塾に勤めて、伸びる生徒の特色をあげれば次のようになります。

●国語力があり、本をよく読んでいて、記憶力が優れている。
●計算が正確で速い。
●自分で勉強する習慣をもっている。
●忍耐力、持続力がある（粘り強くコツコツと積み重ねることができる）。

そして、もう一つ付け加えるなら、今の時代はスマートフォンが普及しているので、スマートフォンの使用はほどほど（1日1時間以内）という条件が加わります。

■情緒の安定がすべての土台になる

伸びる生徒の特色について書きましたが、学力をつける前に考えなければならないことは、情緒の安定です。親子の絆をしっかりと結び、子どもの情緒を安定させることが学習効果を上げるために、何よりも優先しなければならないことです。子どもの情緒の安定なくして、何事もよい結果を望むことは不可能です。学習においても同様になります。

情緒の安定には、母親の存在と子どもへの愛情は必要不可欠です。ところが最近は、男性の私から言えば袋叩きに遭うかもしれませんが、女性の社会進出でこのことはなおざりになっているような気がしてなりません。社会の第一線で働くキャリアウーマンの方は、声高らかに父親がもっと子育てに参加することの必要性を主張します。そして、子どもを安心して預けられる、より多くの施設の必要性を訴えます。

この2つに共通していることは、母親が子どもと触れ合う時間が短くなることです。

キャリアウーマンとして活躍されている方の多くは賢くて聡明な女性ですが、自分が置かれている社会的な立場から物事を考えるだけで、少しも子どもの立場に立って考えていないような感じがします。

いつの時代であっても、子どもにとって、とりわけ乳幼児には母親は特別な存在です。しかし、そんな当たり前のようなことすら忘れ去られようとしている光景に出くわします。

子育ては大変だということはよくわかりますが、子どもへの関心が少し薄れているように感じることがあります。なかには、子どもの目や様子を見ながら哺乳瓶に入っているミルクを飲ますのではなく、片手にもったスマホを見て、視線をほとんどわが子に向けない母親がいます。また、少し大きくなった子どもには、子どもが話しかけているのにもかかわらず、スマホを見て子どもの方を見向きもしない母親を見かけます。

時代の流れと言ってしまえばそれだけのことかもしれませんが、何か大切なものを見失っているように思えてなりません。このつけは、子どもが大きくなった時に出てくるような気がします。

乳幼児期の読み聞かせで国語力をつける

私は私立中高校の入試部長の先生と親しくなると、「入学後に成績が伸びる生徒は、入学試験のどの教科の点数と関係しますか」と、よく質問をしました。すると「国語です」と、ほとんどの先生がすぐに答えられました。思っていた通りです。

しかし、日本語を理解して表現する力である国語力は、たやすく、一朝一夕にはつきません。長期戦を覚悟しなければなりません。国語力は家庭での会話の質に影響され、読み聞かせや読書が大切になります。

国語力をつける。それには、乳幼児期を無駄に過ごさないことです。乳幼児期から学習のようなことをすると言えば、たいそうに聞こえますが、わが子に童謡を歌い、絵本の読み聞かせを楽しみながらやっていけばよいのです。そうすれば、大切な親子の絆は強くなり、子どもの情緒は安定します。同時に童謡や読み聞かせを通して、子どもが理解できる語彙の数が増え、国語力の土台が固まってきます。

幼児や小学校低学年でありながら、中学校や高校の内容を解く超優秀児を日本で一番多く見てきた、ある教育団体の創始者は、国語力の大切さを晩年になってより一層強く感じたそうです。そして生まれるとすぐに歌を聞かせて、多くの本を読み聞かせることを強く推奨しました。

読み聞かせの前に歌があります。歌というのは童謡です。歌はリズムがあるので、読んで聞くよりも乳幼児にとって言葉は覚えやすくなります。童謡を繰り返しCDで聴き、母親から歌ってもらえば、理解ができる語彙が頭の中にインプットされます。そして絵本の読み聞かせをすれば、多くの語彙が既に頭の中に入っているので、内容がよくわかり、読み聞かせはより楽しいものになります。

絵本の読み聞かせは、理解する力を高め、記憶力をつけます。すべての教科の土台となる国語力をつけることにつながります。読み聞かせを多くされた子どもは、本好きになります。読み聞かせをしてもらっていない子どもと比べて、自分で多くの本を読むようになります。本を読むことで子どもの知識はどんどん広がり、語彙の数も増えて、国語力に磨きがかかります。

読み聞かせをすれば、よいことだらけです。わが子の教育費を少しでも安く上げようと思えば、読み聞かせは絶大な効果があります。将来に大きなリターンが待っています。貯金をすると思って読み聞かせをされるのも、よいのではないでしょうか。

また、泰羅雅登教授の研究によると、親子で楽しい絵本の読み聞かせの時間を取ると、子どもは親の愛に包まれていることを知り、情緒が安定するといいます。絵本の読み聞かせによる刺激によって、子どもの脳内で喜怒哀楽を司る大脳辺縁系が活発に働き、うれしい、楽しい、怖い、悲しいことなどがしっかりとわかるようになるというのです。うれしい、楽しいという気持ちがわかるようになると、褒められた際にやる気が生まれます。また、怖いという気持ちが湧いてくれば、危険を察知した行動を取るようになります。

語彙の多い生徒は、成績が優れている

絵本や多くの本を読み聞かせをしてもらっている子どもは、多くの語彙をもっています。語彙数と成績との関係を調べた調査では、語彙数が多い生徒は、少ない生徒よりも成績はよく、また語彙数が多ければ多いほど、成績がよいのです。

語彙の数と成績には相関関係があります。なぜなら、人は考える時に言葉を使って考えるからです。言葉が多ければ、様々な観点から物事を考えることができます。

言葉は考える時の道具になります。物をつくる時に、道具が多いのと少ないのとではど

ちらが、楽に見栄えのよい作品ができるでしょうか。当然、多くの道具をもっている人が、用途によって道具を使い分けることができるので、よいものを仕上げることができます。

その道理と一緒で、人が考える時に多くの語彙をもっていた方が、幅広く、また、深く考えることができるようになります。

日本語の特性からも、語彙を豊富にすることは理解を深めるのには理にかなっています。文を組み立てるために必要な語彙、使用頻度の高い語彙などについて、他の言語と日本語を比較した研究があります。それによりますと、日本語は多くの語彙を覚えなければならないという研究結果が出ています。最頻語5000語で内容を理解するのに必要な語彙をどれだけカバーができるかを、そこには書いてあります。英語、フランス語、スペイン語、中国語では、それぞれ93・5パーセント、96・0パーセント、92・5パーセント、91・7パーセントです。しかし、日本語は、81・7パーセントしかカバーできません。

日本語において語彙数は、他の言語と比べてとても大切になります。

乳幼児期から読み聞かせをしてもらっていた生徒は、語彙数はもちろん多くなっていますが、普通の子どもと比べますと記憶力が格段に優れていました。記憶力が高ければ、学力を定着させるために、繰り返し同じ箇所を学習する必要は少なくなります。あまり復習をしなくても学んだことが頭の中に蓄積され、ほとんど復習をしないで先に進んでいくことができます。国語力と記憶力の両方がすばらしければ、授業や教科書に書かれてある内容がたやすく理解でき、頭の中に記憶として残るので、負担が少なく効率のよい学習ができるようになります。

読み聞かせと記憶力の因果関係については、市中の本屋に並んでいる本やＷＥＢに掲載されている記事、いずれにも書かれてあるものを見たことはありません。

しかし、私が見た超優秀児は、読み聞かせを乳幼児期からしてもらって、語彙量、国語力、記憶力のどれもが群を抜いていました。読み聞かせをして語彙数が多くなると記憶力が育つのか、記憶力がもともと高かったので読み聞かせをしてもらって語彙数が他の子どもと比較して増えたのか。科学的な根拠は学者の方に任せたいと思います。

読み聞かせをしても本を読むようにならない

本好きにさせたいと思って読み聞かせをしても、「うちの子は、少しも本を読みません」と言われる保護者の方は少なからずおられました。話をよくよく聞いてみると、読み聞かせにかける期間、時間、分量が少ないことに原因がありました。

極端な例かもしれませんが、ある保護者の方は読み聞かせはとてもよいと聞き、1年生のわが子に3ヶ月間ほど、1週間に2〜3度、20分ほどの読み聞かせをして十分だったと思っておられました。

しかし子どもの教育は、そんなには簡単に運びません。子どもはすぐには本好きになりません。根気よく続けることが必要です。労力をかけなければならないところは、十分にかける必要があります。

読み聞かせをする保護者は、忙しい中にもかかわらずそのために時間を割いています。「たとえ10分に満たない時間であっても、子どものために読み聞かせの時間を取った」という、親としての責任を果たした安堵感があります。それで読み聞かせはしっかりとおこなっているという気持ちになっておられたのです。

親の気持ちからすればそうかもしれませんが、読み聞かせをしてもらい、本に興味をもって子どもが読むようになるには、それでは全く量が足りません。

同時に、本を読みなさいと言わなくても子どもが本を読むようになるには、環境がとても大切になります。子どもの身の回りに本があって、読みたい時に子どもが本を手に取って読めるようになっていることも大切な要素です。

本をよく読んでいるのに国語の点数がよくない子どもの特徴

「本をよく読むのに、思うような国語の点数が取れない。テストの点数を上げるにはどうすればよいのですか」という質問は、保護者の方からよくいただきました。

そのことを考えてみる前に、小学生において国語の弱い子どもの特徴をあげてみます。

まず、文字をすらすらと追うことができません。理解できる語彙の数が少ないのです。

そして、丁寧に読んでいないことがあげられます。

丁寧に読むとはどんなことなのでしょうか。子どもたちが国語の問題をする時に声を出して読ませてから、問題を解かせてみると誤りは確実に減りますが、それでもなかなか減らない子どもがいます。どうしてなのかと観察をしてみると、設問を見て、何が問われているのかはっきりさせられず、そのために、問題文のどのあたりの文を読んで、どの言葉に着目したらよいのかが、わからないでいるのです。これらのことがわかるような読み方が、丁寧な読み方になります。

その丁寧な読み方を子どもたちにさせるには、設問文において問われていることを確認して、どのあたりの文を読み、着目すればいいかがわかるような指導が必要になりますが、なされていないのが現状です。

多くの子どもたちを見て感じたのは、国語の点数を上げるため、丁寧に読むことから始めなければならない生徒が多くいることです。

丁寧に読むという基本的なことができていて、国語の点数がもう一つよくない生徒に「だから」「しかし」「そして」「また」「ので」「のに」の接続語を文中に入れる問題や「この」「その」「あの」などの指示語の問題を解いてもらうと、誤りが目立ちます。

このような問題は、文章全体をとらえて答えを出す問題ではありません。問題の出ている箇所の前後5~6行ほどを読めば解くことができます。つまり、部分を正確に読み取ることができると正解につながります。

本をよく読んでいるのにもかかわらず、思うように成績が伸びない生徒は、話の筋を追っても細かいところまで丁寧に読むことができていないのです。先にあげたような問題を集中的に取り組んで、繰り返し粘り強く時間を割いて練習することが必要になります。

しかし、生徒にとって学習がしやすい、基本を繰り返し学習ができて難易度が少しずつ上がっている問題集はそんなに多くはありません。ではどんな問題集を探し出して、学習をすればよいのでしょうか。

たとえば、接続語がよく間違える生徒を考えてみます。接続語は前の文と後ろの文の関係を表す働きをします。だから、接続語の苦手な生徒は、長い問題文の設問で接続語を入れるような練習問題をするのではなく、次のような2文の練習問題から始めればよいのです。

○の中に接続語を入れなさい。

昨日まで暑い日が続いていた。○○○○、今日は涼しい日だった。

家族で遊園地に行く予定だった。○○、ぼくが風邪をひいて行けなかった。

□の中にあてはまることばを入れなさい。

寒い日が続いていた。しかし、今日は、□。

家族で遊園地へ行く予定だった。だが、母の急用で□。

2文の練習問題をたっぷり学習して基礎力を十分につけてから、3文や4文の文章で、さらに長い文章で接続語の問題をするようにして、段階を踏んで学習をすれば、生徒にあまり負担をかけることなく、効率的に力をつけることができます。さらに、学習後に100点になった問題を声に出して繰り返し読めば、日本語の正しい感覚を身体に刷り込むことができます。

国語の点数を上げるには、もう一つ大切なことがあります。それは、家庭でおこなわれる対話です。豊富な語彙で、論理的な会話がなされていれば言うことはありませんが、上手くできていないのが実情です。

国語の力を伸ばすには国語の学習、読書、家庭での会話の3つの視点から考えることが必要になります。

算数・数学ができるようになるためには計算力は必要条件

算数・数学ができるようになるには、計算力は必要不可欠です。ただ、それだけで大丈夫かといいますと、そうではありません。計算力は、算数・数学ができるようになるための必要条件であって、必要十分条件ではありません。

国語の読解問題で内容を理解して解答を導くには、文字がすらすらと読めることが最低限必要になります。文字が読めず、文字を追うことだけで精一杯なら、到底、文章を理解して内容を読み取ることはできません。

また、文字がすらすらと読めたとしても、内容まで読み取れているとは必ずしも限りません。文章に出てくる語彙の意味や「この」や「あの」などの指示語が指している箇所を誤って解釈すれば、内容を正しく読み取れないからです。

このことから、文字が読めることは内容を理解するための必要条件ですが、それだけでは不十分ということをおわかりいただけたと思います。算数・数学に置き換えると、計算ができることは国語の文字が読めることと同じで、算数・数学ができるようになるには必要不可欠な力ですが、それだけでは不十分なのです。

計算は正確にできるだけではいけない

算数・数学の必要条件である計算力は、どのぐらいの力があればよいのでしょうか。

小学生の保護者と話をすれば、「うちの子は計算はできますが、文章題が弱いのでどうすればよいでしょうか」と、よく尋ねられました。保護者は、計算を見くびっているように感じることが、多々ありました。

計算ができるというのは、そもそもどんな状態を指して言われているのかと考えました。保護者に詳しく聞くと、ほとんどすべての保護者は、正しくできることに比重を置き、解くためにかかる所要時間は度外視で、全く気にかけていないことがわかりました。つまり、少々時間がかかっても、間違いがなければそれでよしとされていました。

この考え方には、大きな落とし穴があります。計算は正確にできるだけではいけないからです。正解にどれだけの速さでできたのかという「時間」を加味して、できるかどうかの判断をしなければなりません。時間がかかっていれば、計算ができていることにはなりません。

簡単な例で考えてみます。算数・数学は系統だった教科です。下の学年で習って身についた学力が、上の学年に大きく影響します。左の計算問題を見てください。

1年生の問題	2年生の問題
5＋6＝	574
7＋8＝	＋689
4＋9＝	

小学校1年生では5＋6、7＋8、4＋9の1桁足す1桁の足し算を習います。小学校2年生になると筆算を学びます。3桁足す3桁の足し算の1問は、1年生で習った1桁足す1桁の3問分にあたります。そのうえ繰り上がりを頭の中に覚えて、足す操作が加わります。

このように考えますと、2年生の計算問題の1問は、1年生の問題の3問分以上になります。つまり、単純に考えるなら3倍の時間がかかります。だから、小学校1年生の1桁足す1桁は、正確にできるだけではいけないのです。正確さに加えて速さが必要になります。なぜなら、1年生の時に計算するスピードが遅ければ、2年生になると学習により時間がかかり負担になって、嫌気がさしてくるからです。

算数・数学は系統だった教科です。下の学年で習って身についた学力が、上の学年に大きく影響します。計算においては、先の学年で習う内容を見て、どのぐらいの速さで今の箇所ができなければならないのかを考え、練習問題を解き、速くできるようにしなければなりません。

算数の文章題ができない生徒は国語力が弱い場合が多い

小学校の低学年で出てくる文章題については、どのように考えればよいのでしょうか。例を出して考えてみます。

（問題）たろう君は120円もっています。じろう君よりも35円多くもっています。2人合わせていくらもっていますか。

このような問題ができない生徒は、思いのほかたくさんいます。文章の字面は読めるのですが、何を問われているかが読み取れないのです。できないのは、算数に起因しているのではなく、国語の読み取る力が弱いからできないのです。

間違っている生徒の大半は、120円に35円を足して答えを、155円としています。出てくる数字を、みんな使えばよいというような感覚で問題を解いているのです。

このような問題ができない小学校低学年から中学年の生徒に対して、いくら文章題を解く練習をしても、解けるようには決してなりません。子どもを算数嫌いにするだけです。

それでは、どうすればよいのでしょうか。この場合、国語力に問題があって文章題ができないので、本を読んだりして、国語力をつけることに注力してください。

私立中学校入試の文章題は、出題傾向を読み取ることが大切

有名私立中学校入試で出てくるような算数の文章題といっても千差万別です。受験する学校によって入試問題の難易度は異なります。偏差値の高い学校は、教科書レベルよりも格段に難しい内容になっています。その問題を解けるようにするためには、学校だけの勉強では不十分というのは、言うまでもありません。進学塾へ行って、しっかりと学力の補充をしなければなりません。

年齢の低い小学生の受験勉強は、できる限り子どもの負担を少なくして、成果を上げるようにすることが求められます。学校と比べて分量が多く、格段に難しい進学塾の授業を受け、内容を消化、吸収して学力を身につけようと思えば、学ぶ素地がしっかりとしていることが前提になります。その素地がついていないのに入塾をすると、思った効果は出ずに、時間を無駄に使うようなことにもなりかねません。

受験勉強をして効果を得るためには、学ぶ内容を理解するための国語力、速く正確にできる計算力、記憶力、粘り強く考える力など、土台づくりを十分にしてから進学塾の門を叩くようにしてください。

偏差値の高い有名中学校の入試問題が難しいのは当然です。その難しい問題を、闇雲に解くのは子どもに大きな負担がかかります。

では、どうすればよいのでしょうか。狙いを定めて、焦点を絞って学習することが大切になります。出題される内容は、学校によって特色があります。

算数の場合、出題される問題には、平面図形の面積や辺の長さを求める問題、表やグラフなどを読み取って計算をする問題、頭の中で図形を動かすような問題、鶴亀算のようなものがあります。私の住んでいる地域にある中高一貫の公立中学校の入試では、鶴亀算のような問題は数年間、全く出ていません。その代わりに、毎年、表やグラフなどを読み取って計算をする問題、頭の中で図形を動かすような問題が出題されます。問題文の長さは他の有名私立中学校と比較しますと、2倍程度長くなっています。この公立中学校を受験するなら、鶴亀算のような問題に時間をかける必要はありません。

したがって、ある程度の力がつけば受験する中学校を決めて、過去の入試問題集で出題傾向を綿密に分析して、学校に応じてきめ細かな勉強をすることが大切になってきます。むやみやたらに問題を解くのではなく、受験校に適した問題を精選して解いてください。

国語も、算数と同様です。毎年、国語において長文読解の大問を2題出す中学校を受験するのに、俳句や詩などの問題を練習するのは、効率の観点から言えば考えものです。

繰り返しになりますが、受験校に合わせた学習が大切です。そして、過去の問題は出題されませんが、受験する学校の10年分ぐらいの問題は繰り返し解いてください。きっとそこから見えてくるものがあります。

有名大学を合格した高校生が話した計算力の大切さ

高校生になっても、計算力はとても大切です。

有名な大学に合格してあまり日が経っていない高校生から、こんなことを聞きました。試験に合格して日が経った後では、記憶も薄れて体験談には少し脚色があったりしますが、合格して間もない時期に聞いているので、受験勉強などで感じたことをありのままに事実を語ってくれていると思います。

その生徒は、県下のエリート登竜門と言われる高校の生徒でした。当然、彼の周りにはよくできる生徒ばかりで、志望校はトップクラスの大学です。自分の勉強の参考にしようと思って、過去の入試問題集をどんな風にして使っているのか、周りの友だちの勉強方法を観察したそうです。

自分とは違って友だちは、どのようにすれば解けるのかという考え方に時間を割き、一旦解き方がわかれば次の問題に進むようなことをしていたそうです。答えを出すための立《りっ》式《しき》ができれば、答えまで導く計算はほどほどにしていました。なぜ、そんなことをするのかと友だちに聞くと、このように言われたそうです。

「式を立てることができれば答えがわかったのと同じで、答えまで導く計算をすれば時間がかかり、学習の効率はどうしても悪くなる」

「計算する時間を、一題でも多くの問題を考える時間に使いたい。その方がより多くの問題が解けるので、時間を有効に活用できる」

ここまでの話からすると、なるほど、数多くの問題に接することが大切で、解答の方針が立てられたらそれ以降の計算は不要なのだなと思いますが、彼の話には続きがありました。

解き方に重きを置いて、立式ができればあとは時間がもったいないと言って、次の問題を解いていた友だちの多くは、目指す大学は不合格になっていたそうです。

どうしてそんなことが起こったのでしょうか。

入学試験の数学の問題において、たとえ式を立てることができても、答えを正確に出せるかどうかの保証はありません。答えを導くためには、計算を正確に、速くすることが必要になります。計算が正確でなければ、誤った答えになります。スピードが遅ければ、途中までしか手がつけられません。限られた時間で問題を解く数学の入試は、スピードと正確さ、この両方が必要不可欠になります。

余談になりますが、積分の問題が入試問題に出されたなら、文字が含まれた分数計算のかたまりを、スピーディーかつ正確に処理をしなければ、時間がかかり正しい答えを出すことができません。大学入試であろうとも、小学生の時に習った分数の加減乗除の計算力が大きく影響をします。計算力は、ゆめゆめ軽んじてはいけません。

ある大手の塾は、創始者が元高校教師で数学を教えていました。その創始者から「高校数学は代数数学である。高校でできるようになって、目指す大学へ合格したいのなら、計算力がなければならない」と、耳にタコができるほど聞かされました。いつも、然りと思って聞いていました。

$f(x)$ は x の2次式とする。$\int_{-1}^{1} x^2 f(x)dx = 4$ で、かつ

$\int_{-1}^{1} \{f(x)\}^2 dx$ の値が最も小さくなるように $f(x)$ を定めよ。

$f(x) = ax^2 + bx + c \quad (a \neq 0)$ とすると、

$$\int_{-1}^{1} x^2 f(x)dx = \int_{-1}^{1} (ax^4 + bx^3 + cx^2)dx$$

$$= 2\int_{0}^{1} (ax^4 + cx^2)dx = 2\left[\frac{a}{5}x^5 + \frac{c}{3}x^3\right]_0^1$$

$$= 2\left(\frac{a}{5} + \frac{c}{3}\right) = 4 \qquad \frac{a}{5} + \frac{c}{3} = 2 \qquad \frac{c}{3} = 2 - \frac{a}{5}$$

より $c = 6 - \frac{3}{5}a$ ……①

$$\int_{-1}^{1} \{f(x)\}^2 dx = \int_{-1}^{1} (ax^2 + bx + c)^2 dx$$

$$= \int_{-1}^{1} \{a^2x^4 + 2(abx^3 + acx^2 + bcx) + b^2x^2 + c^2\}dx$$

$$= \int_{-1}^{1} \{a^2x^4 + 2abx^3 + (2ac + b^2)x^2 + 2bcx + c^2\}dx$$

$$= 2\int_{0}^{1} \{a^2x^4 + (2ac + b^2)x^2 + c^2\}dx$$

$$= 2\left[\frac{a^2}{5}x^5 + \frac{1}{3}(2ac + b^2)x^3 + c^2x\right]_0^1$$

$= 2\left\{\frac{a^2}{5} + \frac{1}{3}(2ac + b^2) + c^2\right\}$ に①を代入すると

$$= 2\left[\frac{a^2}{5} + \frac{1}{3}\left\{2a\left(6 - \frac{3}{5}a\right) + b^2\right\} + \left(6 - \frac{3}{5}a\right)^2\right]$$

$$= 2\left(\frac{a^2}{5} + 4a - \frac{2}{5}a^2 + \frac{b^2}{3} + 36 - \frac{36}{5}a + \frac{9}{25}a^2\right)$$

$$= 2\left(\frac{4}{25}a^2 - \frac{16}{5}a + \frac{b^2}{3} + 36\right)$$

$$= 2 \cdot \frac{4}{25}(a^2 - 20a) + \frac{2}{3}b^2 + 72 = \frac{8}{25}(a - 10)^2 + \frac{2}{3}b^2 + 40$$

$a = 10, b = 0$ の時 $\int_{-1}^{1} \{\mathrm{f}(x)\}^2 dx$ は、最小値となる。

①に $a = 10$ を代入して $c = 0$。

よって求める $f(x)$ は、$f(x) = 10x^2$ となる。

Ans. $f(x) = 10x^2$

高校で出てくる積分の問題ですが、小学校で出てくる分数計算が正確に速くできないと、正しい答えを導けなかったり、テストなどであれば時間が足りなくなります。

■勉強する習慣をつけるキーワードとは？

中学校、高校へ入学してから伸びる生徒は、当たり前のことですが自分から勉強する習慣をもっています。いくら先生が上手に教えても、生徒が自分から意欲をもって学習をしなければ成績は伸びません。小学校中学年以上の生徒や中学生に向かって、心配になって親が「勉強しなさい」といくら言っても、机に向かって勉強をなかなかしてくれません。あまりしつこく言うと、反発されてしまうだけです。

では、勉強する習慣をつけるには、どのようにすればよいのでしょうか。

勉強でも、スポーツでも、何事でも同じです。習慣づける、別の言葉で言えば、続くかどうかは『できる』という言葉がキーワードになります。

当たり前のことですが、できなければ、やってみても何も面白くありません。面白くないものが、続くはずがありません。続かないと、当然、習慣にはなりません。年齢が低ければなおさらこの傾向が強くなります。

このような、だれでも考えればすぐにわかる子どもの心理を、なぜか保護者は忘れています。

小学校へ入学した、新1年生の4月の時の状態を考えてみましょう。

幼稚園とは違って、小学校1年生になると勉強が本格的に始まります。家や塾などで既に学習をしている生徒は、色々なことを知っています。教科書に出てくるような簡単な練習問題も、すぐにやってしまいます。

そんな生徒とは反対に、勉強は小学校に入ってからやればよいということで、一切何もしてこなかった生徒がいます。小学校に入学すれば、同じスタートラインに立って授業が始まります。

前者は、先生の言っている内容や授業がよくわかり、教科書に書いてあることも無理なく理解をすることができます。だから、授業が面白くなって学ぶ楽しさを感じるようになります。勉強に負担を感じることはありません。教師はそんな生徒を見て、無意識に「よくできる生徒」として接するようになります。そのような先生の対応は、生徒の意欲をさらに高めて積極性に弾みをつけて好循環が生じます。

一方、家庭で学習の準備を何もしてこなかった子どもは、先生の言っていることがよくわからず、教科書を読んでもすらすらと読めずに、字面を追うことに四苦八苦で、学習はスタート地点から落ちこぼれていきます。勉強は面白いのでやってみようという気持ちには、到底なれません。こんな状態が延々と続くとしたら、どうでしょうか。いたたまれない気持ちになります。

学びのよいスタートを切るために、小学校1年生の4月はとても大切です。

何よりも『できる』ことが大切である

子どもが自信をもち、学習のよいスタートを切ることは、ベストな選択の1つです。ところが「子どもに勉強する気持ちが出てくるまでは、何も（勉強することについて）言わないでいたい」ということを、幼稚園児をもっておられる保護者の方からよくお聞きしました。そして、自分の考え方を正当化するために、「学校の先生から小学校へ入学するまでには、子どもは自分の名前が読めて、1から10までの数が読めたら十分ですよと言われているのを聞きました」と、断言をされます。

多くの考え方がありますが、教育の現場で長年にわたって子どもを見てきた私からすれば、最も意を異にする考え方です。子どもが勉強を好きになり、やる気が出て頑張ろうという気持ちになれるのか、なれないのかの分かれ道は、繰り返しになりますが『（やっていることがわかって）できるかどうか』それだけです。

小学校1年生の最初の授業がわかって、そして出された宿題ができるということは、子どものやる気を起こし、学ぶことへの意欲を高めるために最も大切なことです。中学校、高校、大学へと長く続く勉学の道を、最初につまずくことは、その後のことを考えれば絶対に避けなければなりません。幼稚園とは異なって、本格的な勉強が始まる小学校の授業を好スタートが切れるように、準備は欠かすことができません。

落ちこぼれた生徒をできるようにする方法がある

勉強を始めたばかりの小学校1年生ではなく、小学校中学年以降、中学生も含めて習う内容がわからなくなって落ちこぼれたら、どうすればよいのでしょうか。

多くの保護者や生徒は今学校で習っているわからない箇所を、わかるようにすることに力を注ぎます。

しかし、落ちこぼれている生徒は、習っている箇所だけではなく、以前に習った内容もわからなくなっています。2学年、3学年下の内容ができなくなっています。そんな生徒に、学校で習っている箇所をわかるようにするために時間を割いて教えても、効果が出ないというのは当たり前です。

生徒の実力以上のことをやってみて、わからせようと思っても土台、無理な話です。建物は土台がしっかりしていると、高層の建物を建てることができます。しかし、土台が脆弱なら、その上に積み上げて高い建物を建てることは不可能です。学力も同じです。土台がしっかりしていれば、様々な知識を積み重ねていくことができます。

学力をつけることは、建築に相通じるところがあります。下の箇所、すなわち低学年で習った箇所があやふやなら、高学年で習う内容を積み重ねることには無理が生じます。算数・数学のような系統だった科目ならなおさらです。

だから、学校で習っている内容がわからなければ、そこを学習するよりも以前に習った関連する内容ができるかどうかを見ることが重要になります。そして、どこまでわかっていて、どこからわからなくなっているかを正確に見極め、わからなくなっている箇所よりも、少し前のわかる箇所から学習を始めます。

まず、生徒の学習へのアレルギーを取り除き、少しあやふやな箇所を楽々とできるようにしていくことから始めなければなりません。学習をスタートする箇所が、学年よりも大幅に下であっても、それはやむを得ません。できないところをそのままにして、決してできるようにはならないからです。

具体的な例をあげます。

小学生で、真分数の異分母の足し算、引き算が不正確で時間がかかるなら、帯分数の異分母の足し算、引き算はお手上げ状態になります。中学校、高校の数学で習う関数なら、中学校で習う一次関数や二次関数の理解があまりできていなければ、高校で習う三次関数、高次関数、分数関数などの関数の学習は、生徒にとって辛いものになります。

たとえ学年よりも下の箇所を学習しても、生徒は学習をして『できる』ことが実感できるなら意欲と自信が湧いてきます。生徒にとっては『できる』ことが何よりもうれしく、励みになります。やって『できる』経験を繰り返すことができれば、学習が楽しくなり、学習をすることが習慣になってきます。

系統だった教科は、学年よりも下の箇所を学習していても、学校で学習している内容と関連性があるので、授業で理解ができるところが増え、テストの点数もよくなり、成績は上がってきます。

わからなくなった生徒に学力をつけるには、急がば回れなのです。学年相当の箇所を学習するよりも、以前に習ったわからないところをわかるようにしなければ、学習の成果は出ません。

傷口が浅ければ、わからないところを教えてでもできるようにする

手段は、目的と状況に合わせて考えなければなりません。短期的な視点から、学力の向上について述べてみます。前提条件としてこのような対応をおこなう生徒は、一つ前の段階までは、習った内容を理解して練習問題ができる生徒です。

たとえば小学校の高学年に出てきて、私立中学の入試問題の計算に出題される分数や小数にカッコが含まれる問題です。カッコを含まない①、②のような問題は誤りがほとんどないのに、③、④のようになると誤りが出てきて、⑤、⑥のようになると正解がほとんど見当たらなくなる生徒がいます。

① $4\frac{5}{6}-\frac{1}{4}\div 1\frac{1}{2}=$

② $\frac{3}{8}\div 1\frac{1}{2}+1\frac{1}{4}=$

③ $18\frac{3}{10}-\left(8\frac{5}{6}-3\frac{2}{3}\right)=$

④ $2\frac{11}{12}-\frac{1}{7}\div\left(\frac{3}{4}-\frac{2}{3}\right)=$

⑤ $3\frac{3}{5}-\left(3\frac{1}{3}-2\frac{5}{6}\times\frac{1}{4}\right)\div 6\frac{3}{4}=$

⑥ $\left[10-\left\{8\frac{1}{3}-\left(\frac{2}{3}+\frac{3}{4}\right)\times 2\right\}\right]\div\left\{11-\left(\frac{2}{3}+\frac{1}{2}\right)\times 4\right\}=$

問題を解けばほとんど間違うような状態に手を打たないで、同じような間違いを繰り返すのは、努力と時間を無駄に使うだけで何の実りもありません。子どもの学習への意欲も高まりません。

カッコを含む⑤、⑥の問題の誤る原因は次の2点です。

・計算力が弱いので、正しい答えにならない。

・計算をする順番を誤るので、正しい答えにならない。

①の問題ができて、⑤、⑥の問題ができない原因は、計算の順番が不正確だからです。だから、このような生徒には、掛け算や、割り算は、足し算や、引き算よりも先にすることや、計算をするカッコの順番を確認します。そして、③、④のカッコの入った計算問題を見せて鉛筆やシャープペンシルの先を、＋、－、×、÷の符号の上に置いて計算する順番を示させます。次

に⑤、⑥のような複雑な問題に移ります。実際に計算をしないので、5分もあれば多くの問題をすることができます。

わからなくなったり、誤りが多くなっているのを、そのままにしておけば、悪循環に陥ります。受ける授業の理解ができない箇所や、練習問題の誤りはさらに増えてきます。そうなれば、学習は面白いはずはありません。面白くないとやる気は失せて、学習に身が入らなくなります。このような悪循環を早めに断ち切るために、家庭に余裕があればわが子に教えてできるようにして、学校や塾へ送り出してください。授業が面白くなってくる度合いに応じて、様子を見ながら教えることから徐々に手を引き、わが子が自分で学習をして自立していくようなサポートを心がけてください。

勉強の習慣をつけるには即効性があるものを活用する

勉強の習慣をつけるために、別の視点から考えます。

勉強を習慣化させるのにおいて大切なのは、少し続ければ短期間でできるようになったと、子どもが自覚できるものを探しだすのです。それを見つけて、毎日継続して練習をするのです。端的に言えば、即効性のあるものを選んで練習をすればよいのです。

「そんな都合のよい便利なものはあるはずがない。そんなものがあれば、とうの昔にわが子にさせている」と言われるかもしれません。

果たして、そんな重宝なものはあるのでしょうか。

あります。それは、何なのかとずばり言えば、算数・数学の土台である計算です。

計算練習は他の色々なものと比べて繰り返し練習をすると、いち早くだれでも効果が表れます。

毎日、計算問題を一定時間解くと、短期間に正解率が高くなり、計算のスピードも速くなります。学習効果を、子ども自身が実感することができます。子どもが短期間に学習効果を感じることができるので、意欲は高まり、計算練習をすることは習慣になります。

勉強する習慣をつけるために、簡単な計算問題を活用するのは、とても上手なやり方です。習慣化と同時に算数・数学の土台である計算力が身につくからです。小学校低学年から中学年の生徒にとっては、計算練習は一石二鳥の非常に大きなメリットがあります。

第3章

学力をつければ、生徒は大きく変化する

■当たり前のことができていない

生徒が意欲的になって学習するためには、何が大切なのでしょうか。端的に言えば『生徒の学力に合った内容を学習する』という一言に尽きます。しかし、こんな当たり前のわかりきったことが、ほとんどなされていません。学力をつけたい、わが子の成績を上げたいと思って、教師や塾の先生、保護者がいくら頑張って教えても、学力に合わない難しい内容なら、生徒は理解ができず学力はつきません。反対にやさしすぎても、期待するような効果は上がりません。

学習効果を上げようと思えば、子どもの学力に合った内容を学習することが、何よりも大切になります。そうしなければ、教える側の独りよがりの自己満足だけに終わり、期待

する成果は何も上げることはできません。学習をするのは、生徒なのです。生徒を伸ばそうと思えば、学習をおこなう子どもをど真ん中にして考えることからスタートする必要があります。

ほとんどの生徒は先生が言っていることを聞いていなかった

教育の現場で、対照的な2つの経験をしました。

地元の公立中学校へ通う、当時中学2年生になった長女の日曜参観に出席したのです。生徒はまがりなりにも、ある程度は集中して授業や練習問題に取り組んでいるのが当たり前だと思っていました。生徒同士の雑談はほとんどなく、教師の話を聞こうとして注意を傾けている状態を思い描いていました。

しかし、その思いは、授業参観に出席して、木っ端微塵に吹き飛ばされました。授業を見て感想を言ってくださいと言われたなら「ひどい!」の一言で答えるしか、言いようのない授業でした。かなりショックを受けました。また、こんな授業を受けると、貴重な時間が失われて真面目な生徒は大きな損をしていると感じました。

参観したのは数学の授業でした。どのように先生は生徒に教えられるのか、職業柄期待をもって当日は学校へ出かけました。クラスの人数は35人程度でしたが、授業をまともに聞いていたのは、わずか3〜4人だけでした。残りの生徒のうち5〜6人は、後ろや横の生徒と授業が終わるまでの間、ずっと雑談をしていました。その声が、時々私にも聞こえてきました。昨日の夕食でおいしかった食べ物や、見たテレビのことについて話していました。休み時間に話せばよい内容です。

保護者に生徒の声が聞こえるということは、当然、授業をおこなっている教師にも聞こえているはずです。しかし、教師はそんなことは意に介せず、淡々と授業を進めていきます。また、3〜4人の生徒は、机の上に開けた教科書に顔をつけ眠ったままでした。いつになれば顔を上げ、先生の話を聞くようになるのかと思いましたが、保護者が見ているのに、授業の最初から最後まで寝たきりでした。

この日の授業では、数学を教える教師以外に、副担任の先生が教室の後ろの方に立ち、時おり教室の中を大きな体をゆすって、のしのしと北海道にいるヒグマのように歩いていました。しかし、雑談している生徒の横へ行き立ち止まっても、ただ立っているだけでした。生徒には何も注意をしないのがとても不思議でした。

異常な状態の中に長くいると感覚が麻痺する

異常な状態の中に長くいると人の感覚は麻痺して、異常が正常になるのでしょうか。先生のくるった感覚を見透かすかのように、生徒はおしゃべりをやめようとはしません。随分うるさいと私は思ったのですが、このぐらいの状態なら、先生にとっては慣れてしまって、許容の範囲だったのかもしれません。また、保護者がいるので、授業にふさわしくないような態度であっても、生徒へ直接注意をすることはためらっていたのかもしれません。

副担任は、何のためにいるのか、とても不思議でした。もしいなければ、生徒はさらに大きな声で話し、授業中にもかかわらず立ち歩くのでしょうか。授業が円滑に進むように、生徒へ無言の圧力をかけているとしか言いようがありません。

副担任の教師は男性で、背丈は大きく、短髪で、見るからに体育会系に見えました。

教室には2人の教師がいて、授業がおこなわれているにもかかわらず、授業の体をなしていません。

疲れ果て覇気が全く感じられない教師

授業が上手く進まない理由として、教師が大学の出たてで教職経験不足があげられる場合があります。しかし、目の前で数学の授業をおこなっている教師は、どう見ても大学を出たてのようには見えません。45歳前後に見える女性でした。本来なら教職経験を豊富に積んで脂の乗り切った年齢なのですが、教師の体から発するエネルギーのようなものは全く感じられずに、萎びた野菜のような雰囲気でした。生気が全く感じられません。

多くの保護者が見ているにもかかわらず、話をしている生徒や眠りこけている生徒に何ら注意をすることなく、そんな不都合なことは何も見ていないかのように、ただ淡々と授業を進めました。教師の表情は、明るさを欠き、精神的な疲れが滲み出ているように見えました。

後述しますが、教師の目を生徒に行き届かせて、いじめをなくし学力を上げるために、少人数クラスの導入が言われています。しかし、少人数クラスは万能薬ではありません。導入を考える以前に、先に解決をしなければならないことはいくらでもあります。教師の授業にかける姿勢もその1つです。教師が変わらなければ、生徒はついてきません。

次に、私が参観をしていた数学の授業のような状態はどうして起こるのかという根本的な要因をあぶり出し、改善していかなければ、授業をしても少数の生徒しか先生の話に耳を傾けない状態を変えることはできません。うわべだけの少人数クラスにするということで、お茶を濁すことは絶対に避けなければなりません。よくよく考えれば、税金の無駄遣いにもなります。

別の中学校で見た光景はあまりにも違っていた

長女の授業参観とほぼ同じ時期に、ある中学校の授業を見る機会がありました。授業参観から2ヶ月ほど経った時期でした。そこで見た光景は、全く相反する授業風景が展開されて、生徒は熱心に学んで学習以外の掃除も一生懸命に取り組んでいました。長女の通う中学校の生徒とは、まさに両極端でした。同じ中学生なのにあまりにも違うので、記憶は鮮明に残りました。

8月の、うだるように暑い日でした。列車を降りて、駅から7〜8分の距離にある中学校まで、滴る汗をハンカチで拭きながら歩きました。途中、出会った自転車に乗った中学生は、見ず知らずの私に「こんにちは」と挨拶をして通り過ぎていきました。どの生徒もヘルメットをきっちりとかぶっていました。都会と違って田舎の中学生は素直で、教師の言葉や規則を守るのだろうと、自分勝手に考えました。

道で出会った生徒の様子から判断すると、生徒の学習状態は聞かずともすばらしい状況であると、ワクワクしながら歩を早めました。期待に胸が膨らんで、一刻も早く、生徒の学習している様子を見たい気持ちでいっぱいでした。

中学校に着くと、見学者を応対する先生から「中学校は改築中で、暑い最中ですが生徒はクーラーのない体育館で、練習問題に取り組んでいます」と説明がありました。普段でも集中して取り組むのは難しいのに、暑い体育館ではさぞかし大変だろうと思いました。

説明後、すぐに生徒が学習をしている場に、担当の先生は案内をしてくれました。体育館に入ると、暑さを何も気にかけることなく、どの生徒も集中して問題に取り組んでいました。生徒の無駄話は一切なく、紙の上を走らす心地よい鉛筆の音と、採点が終わった生徒の名前を呼ぶ、校長先生の大きな声だけが体育館に響いていました。

この光景は、先の中学校とはあまりにもかけ離れていました。この中学校で学ぶ生徒はとても幸せで、得をしていると思いました。1人の親としてわが子の将来を考えると、できるものならばこの中学校に長女を転校させて、ここで学ばせたいと思いました。

それと同時に、この違いは一体どこから来ているのだろうか、秘密を探りたいという気持ちが湧いてきました

授業で教師の言っていることを一言も聞き漏らすまいと思って集中して聞き、問題を黙々と解く生徒と、授業を聞かないで後ろを向いて雑談をする生徒。どうしてこんなに大きな違いが、同じ中学生なのに生じるようになったのでしょうか。生徒をこのようにする決定的要因とは何かを、知りたいと強く思いました。外から見ると、その違いはありません。ということは内面が違うのでしょうか。

保護者は教師に何も言わない

長女の授業参観後におこなわれた保護者懇談会には、もちろん出席しました。

出席した保護者は15人程度で、そのうち確か5人ほどが父親でした。授業の様子を見た保護者からどんな意見が出るのかと興味をもって、授業参観があった教室の椅子に座って聞いていました。

しかし保護者は担任の先生が話す行事予定などを聞くだけで、授業の状態については、何一つ発言しませんでした。「何かお聞きになりたいこととか、ご意見などがありましたら、どんなことでもかまいませんのでお話しください」と、中年の疲れ果てた女性教師が促しても、発言はありません。教師に保護者は生気を吸い取られたような状態でした。教師の気に障ることを言うと、通知表や高校入試の内申点を悪くされることを恐れているのだろうかと思いました。

するとその時、1人の保護者が手を上げました。しびれを切らしてついに授業について言う人が出てきた、どんなことを言うのかと期待をしました。ところが、その保護者の発言は、体操服につけるゼッケンに書く番号と名前の大きさについての質問でした。私にとってはどうでもよい質問で、肝心なことをどうして先生に言わないのだろうと、じれったい思いをして椅子に座っていました。

教師は状況を改善する意思はなかった

お世辞にも決してよいと言えない授業を見て、その後の懇談会で保護者は一言も言わないのです。このような異常な状態に、私はただただ驚きました。しかし、驚いてばかりではいけません。悪い状態は変えなければ、日々の授業が無駄になり、貴重な時間が失われ、生徒に大きな損をさせることにつながります。教師の気分を損なわないようにして、思い切って発言をしました。

「授業を見て気がついたことですが、おしゃべりをする生徒がいて、その声で先生の言われていることが少し聞き取りにくくなっていました。他の人の迷惑になることには、注意が必要なのではないでしょうか」

本来ならあえて言う必要のない当たり前のことを、教師に気遣いながらやんわりと質問をしました。

「人に迷惑をかける行為はいけないので注意します」「授業の状態を改善するために、こんな取り組みをします」という返答が、当然、教師からあるものと期待をしました。

しかしながら、私の予想はものの見事に外れました。

教師は「そうですよね。少しうるさかったですよね。うるさかったですよね」と「うるさかったですよね」を3～4回繰り返し、最後は語尾が消えるような小さな声で言いました。生徒の状態についてどのように思っているのか、今の状態を直していくためにやろうとしていることなどは、驚いたことに何も聞くことはできませんでした。驚きを通り越して、不思議な感じがしました。

異常な授業状態は、その後も続いた

こちらの尋ねたことには何も触れないで、言葉を濁す返答にびっくりしました。生徒を預かる教師としての責任は、一体どこへ行ってしまったのか、消え去ったのかと思いました。責任放棄もはなはだしいと怒りも込み上げてきました。

少人数クラスの実現よりも先に、教師を教育することから始めなければ、今の状態は変えることができないと強く思いました。言いすぎかもしれませんが、公立中学校なので市民税を払うことがばからしくなりました。

「この目の前にいる教師は、プライドと理想をもたないでその日その日を何とか過ごして、毎月の給与をもらえばそれでよいと思っている。生徒の将来のことは、何も考えていない」と心の中で思いました。

学校は、数学という学力をつけると同時に、人に迷惑をかけてはいけないという道徳も教えるところです。長女の担任の教師は、その両方とも放棄しているかのように見えました。しかし、保護者の前で教師に恥をかかせてはいけないので、その後の発言は控えました。

帰宅後、今日のような授業が長く続いて、教師は正常な感覚が麻痺してしまったのか、それとも改善する必要を感じながら直す処方箋をもっていないので何も言えないのか、はたまた健康を害しているので普段通りのこと以外に、新しいエネルギーが必要なことをしたくないのか、色々なことを考えましたが、これといった結論は出ませんでした。ただ、はっきりと言えるのは、今の異常な授業の状態に早急に手を打ち、改善しなければならないことです。

しかし、その後の授業の状態を長女に2～3ヶ月に1度、それとなく聞きましたが、3学期末まで同じ状態が続きました。

かつては、荒れた学校だった

体育館での生徒の学習風景を見た、もう一方の中学校は、見学後に校長先生と話す機会を得、このようなすばらしい状況になるまでにたどった道のりを聞くことができました。駅から学校に来る途中に出会った生徒の印象がとてもよかったので、話を伺う前までは、この中学校の生徒は、どの生徒も素直で、教師の言うことはよく聞き、学習をすることが好きな真面目な生徒の集まりだと思っていました。

しかし、校長先生が赴任する前は、県下でも生徒が荒れていることで有名で、生徒を指導することが難しい指導困難校でした。

私が塾に勤務をしていた時に、その中学校を卒業した後輩がいました。後輩が中学生の頃は、2階の教室から植木鉢が落ちてきたり、校庭を歩いている人めがけて、生きているヘビが投げられたりと、信じがたいような学校だったようです。

しかし、過去にそんなことがあったのかと思うほど、その中学校は大きく様変わりをしていました。教師の努力によって生徒を変え、今のような状態になったのです。それは、どのようにしてなったのか、手品にたとえるのは不謹慎かもしれませんが、種明かしを詳しくしてほしいと思いました。

■画竜点睛を欠いていた学校改革

校長先生がその中学校へ赴任した当時も、状況を改善するために色々な取り組みが教師によってなされていました。教師が一丸となっておこなった取り組みで、効果は徐々に上がっていました。しかし、何かが足りないばかりに、効果は今一歩という状況だったようです。風邪にたとえるなら、セキや熱は治まったものの、体が今一つすっきりしない状況で、完治していなかったのです。

学校改革は最後の仕上げの段階にさしかかりながら、何をすればよいのか思案の最中。画竜点睛を欠いていたのでした。

そんな状況を打開するために、一から考え直してみることになりました。

そもそも、学校とは何のために存在するのか、生徒は何のために登校するのか。当たり前のことを学校全体で考えてみました。

生徒が学校にやって来るのは、遊ぶためではありません。数学や英語などの教科を授業で学び、学力をつけるために生徒は学校にやってきます。こんなことはだれでも知っています。わざわざ言わなくてもよい、当たり前のことです。

日々の忙しさに時間を追われて、本来の目的を口に出して確認するようなことはおこないませんが、生徒は学校に行くことの意義はよくわかっています。

生徒に向かって「学校は何のために行くのですか」と尋ねると、照れくさいのかどうかはわかりませんが、本心を言わないで、中には「友だちと遊ぶために行きます」とふざけて答える生徒がいます。

しかしながら、中学生になれば学校とはどんな場所なのかということは、その言葉とは裏腹に十分わかっています。だから、本来ならばついていなければならない学力が自分についていないと感じると、劣等感や焦りが生じ、最も大切な自分に対しての自信は、当然のことながら揺らいでいます。自信がなければやる気は失せ、投げやりな行動につながり、学校が荒れる原因になります。

生徒の立場になって考えることが欠けている

授業がわからない。生徒の立場から考えれば、それはとても辛いことです。意味のわからない先生の話を1日6時間も、椅子にじっと座って聞かなければなりません。私ならわからないことを、じっと椅子に座っておとなしくしていることができるかどうか、とても不安になります。

落ちこぼれてしまい授業で習うことがわからなくなっても、生徒は毎日学校へ行き、授業を受けなければなりません。卒業をするまで、それが延々と続きます。悲劇以外の何ものでもありません。

彼らの肩をもつわけではありませんが、長女のクラスの生徒のように、寝たり、隣の生徒にちょっかいを出したり、話しかけたりするのは、生徒の置かれている状況からすれば、至極当たり前のように思います。

生徒の劣等感と、もやもやしている気持ちをダメ押しするかのように、定期テストがあります。日々の学習がわからなければ、奇跡でも起こらない限りよい点数をテストで取ることは不可能です。定期テストは学力がないことや劣っていることを、再確認する場となります。日々の学習がわからない生徒にとってはいたたまれなくなり、できないという気持ちと劣等感はさらに強くなります。自分への自信は、ますます小さくなります。積極的に取り組む姿勢も消えていきます。

学力をつけなければ生徒は変わらない

様々な取り組みの総仕上げとして、すべての根幹である学力をつけることに注力をするという、至極当たり前のことを、中学校は一丸となって取り組むことになりました。端的に言うなら、学力をつけなければ、生徒は表面的には変わるかもしれませんが、根本は変わらないと判断をしたのです。

学力がつけば、何よりも大切な自分自身への自信や積極性も出てきて、問題行動もなくなると考えました。

世間の教育評論家の中には「勉強がよくできるのに、問題行動をする生徒もたくさんいる。問題行動と学力は因果関係がなく、道徳に関係がある。あまりにも、短絡的で思慮不足な考え方で、学力がすべてではない」と、頭の中で理屈を捏ねてひねくれた意見を言う人がいます。

このような人は、教育評論家とは名ばかりの人で、生徒の置かれている立場と気持ちが理解できない人です。自分の学生時代はよくできたので、できない生徒の気持ちがわかりません。ですから、とんちんかんなことを、もっともらしく、言葉巧みに主張します。できなければどれほど辛いか、できない生徒の気持ちがわからないのです。

学力をつけることはとても難しい

長女を行かせてみたいと思った中学校は、生徒に学力をつけて生徒の内面を変えるという、学校として当たり前のことに注力したのです。

このように言うと「どこの学校でも力を入れてやっている、何を今さらそんなことを言うのか」と思われる方もいるでしょう。確かに、生徒に学力をつけることは、教師であるならだれでもが力を入れて取り組んでいます。しかしながら『言うは易く、行うは難し』です。生徒に学力をつけることは正直、とても難しいのです。簡単ならどこの学校でも、大きな成果が上がって、勉強で困る生徒がいないはずです。

料金受取人払郵便

新宿局承認

3971

差出有効期間
2022年7月
31日まで
（切手不要）

郵便はがき

160-8791

141

東京都新宿区新宿1－10－1

（株）文芸社

愛読者カード係 行

お名前《ふりがな》		明治 大正 昭和 平成	年生 歳
ご住所《ふりがな》	□□□-□□□□		性別 男・女
お電話番号	（書籍ご注文の際に必要です）	ご職業	
E-mail			
ご購読雑誌（複数可）		ご購読新聞	新聞

最近読んでおもしろかった本や今後、とりあげてほしいテーマをお教えください。

ご自分の研究成果や経験、お考え等を出版してみたいというお気持ちはありますか。

ある　　ない　　内容・テーマ（　　　　　　　　　　）

現在完成した作品をお持ちですか。

ある　　ない　　ジャンル・原稿量（　　　　　　　　　　）

書　名				
お買上 書　店	都道 府県	市区 郡	書店名	書店
			ご購入日	年　　月　　日

本書をどこでお知りになりましたか?

1.書店店頭　2.知人にすすめられて　3.インターネット(サイト名　　　　　)

4.DMハガキ　5.広告、記事を見て(新聞、雑誌名　　　　　)

上の質問に関連して、ご購入の決め手となったのは?

1.タイトル　2.著者　3.内容　4.カバーデザイン　5.帯

その他ご自由にお書きください。

(　　　　　)

本書についてのご意見、ご感想をお聞かせください。

①内容について

②カバー、タイトル、帯について

弊社Webサイトからもご意見、ご感想をお寄せいただけます。

ご協力ありがとうございました。

※お寄せいただいたご意見、ご感想は新聞広告等で匿名にて使わせていただくことがあります。

※お客様の個人情報は、小社からの連絡のみに使用します。社外に提供することは一切ありません。

■書籍のご注文は、お近くの書店または、ブックサービス(0120-29-9625)、セブンネットショッピング(http://7net.omni7.jp/)にお申し込み下さい。

私は、学力において誇らしい成果を学校全体であげた話題は、あまり聞いたことがありません。なぜなのでしょうか。

その理由は、どのようにすれば学力がつくのか、これがわかるようで、なかなかわからないからです。クラス全員の学力を上げていくためにどんな風に考えて、何をどのようにしていくのかが思いつかないのです。たとえよい考えが浮かんでも、いざ実践をしてみると上手くいかずに、継続ができないからです。毎回、コンスタントに生徒が学習をおこなっただけの効果を得るのは容易ではありません。

私が見学して感心をした中学校では、それをどのようにしたのでしょうか。

レベルに合わせた学習が大切

私は社会人になった時に、4月から始まるNHKのラジオ英会話講座のテキストを購入して、学習をしたことがありました。大学を出て社会人だということで、中級のレベルから始めました。しかし、聞き取ることが難しく長続きはせずに、2ヶ月も経たないうちにやめてしまうような結果になりました。今から考えれば、レベルに合った箇所を学習しなかったので、わからずに面白くなくなったのです。

学校で学ぶ生徒も、自分のレベルに合った内容を学ばなければ、私の英会話と同じような結果になってしまいます。

興味をもって学習を続けていくには、何よりも大切なことは『わかって、やればできる』ということが体感できるかどうかです。つまり、生徒のレベルに合った箇所の学習が大切になります。

クラスの生徒数は、中学校なら30人を超えた程度です。30人の生徒一人ひとりの学力に合う問題を練習するように準備することは、とても面倒なことです。生徒の学力や能力は千差万別だからです。

だからといってそれを無視しては、学習は上手くいきません。ズボンにたとえるなら、ウエストが85センチメートルの人に75センチメートルのズボンを渡しても、穿いてもらうことはできません。学力も同じことです。

学年の枠を取り払ってできるところから学習を始める

中学2年生の生徒が100人いたとします。少なめに見積もって半数の50人ほどは、学年相当の問題をすらすらと解く力はもっていません。そんな生徒に、学年相当の練習問題をさせてみるとどのようになるでしょうか。誤りが目立ち、時間がかかってしまいます。

このような状態で学習をすると、生徒には負担がかかり、面白いと感じることはできません。もちろん学力も定着しません。

ではどうすれば、よいのでしょうか。

まず、学力を正確に測定して、どこから学習するのかを決めるところから始めなければなりません。たとえ中学2年生の生徒であっても、小学校4年生程度の力しかなければ、その少し手前から問題を解くようにすればよいのです。そうすれば、楽々と問題を解くことができ、すべて正解になります。

私が見学した中学校は、次のようなことをしていました。

数学においてすべての生徒に学力を測るためのテストを実施して、一人ひとりの数学の力を正確に測定しました。次に、先生は生徒に、学年という枠ではなく、学力に合った箇所の問題を準備し、生徒はその準備された問題を解くようにしました。右隣の席に座っている友だちの解いている問題と左隣の友だちの問題、そして自分がしている問題は同じ学年であっても、学力が異なるので違っています。学力に合った問題を解くので、同じ箇所を学習する生徒はほとんどいません。

最初、生徒には戸惑いがありましたが、すぐに解消されました。学習をしたらできるからです。

体育のような実技を伴う教科では、同学年だからと同じことをすると怪我や大きな事故につながります。しかし、数学などの学習においては、同学年なら同じ箇所を学び、同じ練習問題を解いて学力の定着を図ろうとします。

学校改革において、教員の中で学年という枠を取り払い、学力に合った問題を解く必要性に最初に理解を示したのは、数学や英語、国語などを教える教師ではなく、体育などの実技科目を教える教師だったようです。

学習を通じて得た自信は、何よりも生徒を変える

学力に合った箇所の問題をすると、どの生徒も鉛筆は動きます。解き終わって、先生に採点してもらえば満点を取ることができます。随分前のことで忘れ去っていた学習での充足感が、生徒の心によみがえってきます。この延長線上に、私が体育館で見た生徒の学習に取り組む姿勢がありました。

学年よりも下の問題でも、100点やそれに近い点数を取ることができれば生徒の自信につながります。その自信は、たとえ小さな、小さな自信であっても、積み重ねの効果は大きく、やる気やより大きな自信を生み出します。

授業がわからずにただ座るだけのことしかできなかった生徒に、学習を通じて、努力すればできなかったことができるようになるという自信をつけることができれば、他のどんなことをするよりも生徒にすばらしい影響を与えることができます。学力をつけることを抜きにして、生徒のことを思って様々なことに取り組んで注力をしても、それなりの効果は上がるかもしれませんが、劇的に生徒を変えるような効果はありません。このことを、生徒を教える側の大人はしっかりと胸に刻まなければなりません。

学力を身につけることの大切さを、生徒は口には出して言いませんが、十分理解をしています。中学生になると低い学力なら、将来はどのようになるのかということを、中学生なりに薄々気づいています。勉強ができないことで自信をなくし、明るい将来を描くことができなければ、荒れてくるのもわかるような気持ちになります。

学校の授業は学力差を無視しておこなわれる

中学生ともなれば、小学校1年生から徐々についた学力の差は大きくなっています。大きな学力差があるという歴然たる事実を、無視をしているのか、気にも留めていないのか、どちらかはわかりませんが、中学2年生なら学年が一緒ということで、同じ内容を授業で習います。学校で習った内容を定着させるために宿題が出ます。当然、宿題のできない生徒が出てきます。このような不条理なことが固定観念に支配されているのか、だれも何も思わずに、いたるところでおこなわれています。

水泳は、泳ぐ能力でクラス分けをしてトレーニングを重ねます。ピアノにしても同様です。

なぜ、勉強だけが学年という枠にとらわれるのでしょうか。教える側の怠慢なのでしょうか。

わからない授業を、じっとして聞かなければならない生徒からすれば、授業は苦痛以外の何ものでもありません。実りのない行《ぎょう》をするために、学校へ行くようなものです。そんな生徒のことを考えると「たまらんやろな」と思います。

しかし、全国の小学校や中学校にはそんな生徒がいっぱいいます。この状態に、正鵠を射て渾身の力で改善しようとしている人は、ほとんどいないと言っても決して言いすぎではありません。生徒を見て何も感じなくなってしまった教える側の大人は、無意識に教育とはこんなもんだと思って、過ごしているのではないでしょうか。

目的を明確にしない指導は作業になる

ビジネスにおいては課題を解決していくために、まず状況分析をおこない、何のために、何を、どのようにしていくのかなど、5W1Hを明確にしてから行動に移します。

教育においても、教えられる側の生徒の立場に立って、同じように物事は推し進めた方が、もれがなく、より大きな効果が期待できるのではないでしょうか。

長女の通っていた中学校では、大きな声で挨拶をすることに力を入れていました。長女に「何のために、大きな声で挨拶をするようになったの」と聞いても、そのことには何も答えずに「大きな声で相手にわかるように挨拶をすることを学校はおこなっている」としか言いません。

大きな声で気持ちのよい挨拶を積極的にするのは、もちろんすばらしいことです。何も否定はしません。しかし、何のために挨拶をするのかということを生徒にわからせないと、挨拶をすることがただの単なる作業のようなものになり、気持ちを入れておこなうことはできなくなります。

学校は本来の目的を忘れてはいけない

長女の通学している公立中学校では、たとえば、授業中に友だちと話さないなど、挨拶よりも先に取り組まなければならない多くの事柄があるのに、あえてそこには手をつけないのはどうしてなのか、疑問が湧いてきました。

学校本来の目的である学力をつけることを、きれいさっぱりと学校はあきらめたのかどうかはわかりません。学校から長女がもらってくる保護者向けのたよりには、学力をつけるための取り組みなどは、ほとんど書かれていませんでした。その代わりに、クラスの一人ひとりが協力して、みんなで考えた運動会の応援について書かれたものがありました。大きな声で挨拶をすることと同じように、何も文句を言うようなものではありません。

長女が学校からもらってくるたよりは、学力を伸ばすという視点から書かれたものは、当時を振り返ってみると無かったように記憶しています。たとえ、あったとしても記憶に残らないぐらいに少なかったようです。

学校とは学力をつけるために存在をしているのに、クラスのたよりには、穿った見方かもしれませんが「学力向上」という言葉は、禁句になっているような感じがしました。

少人数クラスは、根本的な解決にならない

私が中学生の時代は、クラスの人数は45人程度でした。長女のクラスは、3分の2程度の30人を少し超えたぐらいでした。私が学んだ時と比較すると、クラスの人数は少なくな

り生徒に先生の目が行き届くようになっています。先生の目がよく行き届くようになると、一人ひとりの生徒の状況を細かく把握できるというのは、紛れもない事実です。

新聞記事や評論家のコメントにも、教育現場で起こる問題の解決策として少人数クラスの効果が書かれています。そうすることで、いじめをなくし、授業についていけない生徒を減らそうとしています。

しかし、学力差に目をつぶって、クラスの人数を減らすことが学力の向上につながるという考え方は、肝心なところを何も改善しない、とても甘いとしか言いようがない発想です。なぜなら、一人ひとりの状況を把握しても、把握した問題を解決するには一人ひとりの状態に合わせて改善策を考えて、手を打たなければなりません。それができなければ、少人数クラスにしても同じことです。少人数クラスは目的ではなく、あくまでも手段なのです。

既述しましたように今の学校は、私が学んだ時代と比較してクラスの人数は少なくなっています。クラスの人数をさらに少なくする少人数クラスの実現を目指すよりも、根本になる学力をつけることをど真ん中において、何をするのかを考え、取り組むことが現実を変えるには一番の近道です。それを抜きにして真の意味で、生徒を幸せにすることはできません。

しかし、どの生徒にもしっかりとした学力をつけることは、教える側にとっては大変な力仕事になります。労力も気力も振り絞らなければできません。少人数クラスのように、クラスの人数を減らすだけのような簡単なわけにはいきません。

繰り返しになりますが、生徒を変えるには学力をつけることが、何よりも重要です。それには、学力差は避けて通ることができません。少人数のクラスであっても、多い人数のクラスであっても、個々の学力に合わせた学習をしなければ、状況は改善しないのです。多人数でしていたことを、ただ規模だけを小さくして少人数で中身を変えずに同じことをしてみても、期待する効果は上がりません。

生徒の学力差という根本に、メスを入れなければ状況は改善しません。根本には全く手をつけようとしないで、枝葉末節の、あまり影響のない保護者受けのするようなことに力を入れても、生徒は何も変わりません。長女が通っていた中学校のようなやり方は、言葉はきついですが、その場しのぎで体裁を取りつくろっているだけです。

根本を変えるのは相当な力仕事になり、それ相応の覚悟もいるので教師の方々は嫌がられるかもしれませんが、やっていただきたいのです。

そもそも学校とは何のために存在するのか、教師の存在意義とは何なのかということを確認してほしいと、長女の授業参観に出席してつくづく感じました。

第４章

有名私立中学校受験を上手に乗り切る

■生徒に大きな負担を強いる中学受験

首都圏や京阪神地域では、多くの生徒が大学進学に有利なように有名私立、公立中学校を受験します。成績上位の生徒が受験するので、入学試験は難しく競争は過酷なものになっています。合格をするために、いかにして受験勉強を乗り切っていくのか、子どもはもちろん、親も含めて綿密な作戦計画を立てることは必要不可欠です。

シニア社員として勤めていた頃、残業をして遅くなり特急電車から普通電車への乗り換え駅に着くと、午後10時を少し回った頃に、参考書や問題集で膨らんだ大きなカバンをもった小学校高学年生の一群が、電車に乗り込んできました。大手の進学塾が、駅からすぐ近くの場所にあるからです。午後10時過ぎに電車に乗れば、家に着く時間は10時30分を回ってしまいます。

目指す学校へ入学するために、小学生なのに毎日遅くまで勉強しています。受験が終わるまでの間、子どもたちは午後10時の普通電車に乗り込んで来る日々が続きます。

受験勉強は、当然のことながら生徒に精神的な負担をかけます。有名私立、公立中学校を受験する年齢が低い小学生なら、なおさら負担は大きくなります。

なぜ、進学塾へ通うのでしょうか。

当たり前のことですが、目指す中学校の入試問題は、学校で習う内容と比べて格段に難しく、学校で習う範囲の勉強をしても、入学試験で合格する点数を取ることは、まずもって不可能だからです。偏差値の高い学校への合格切符を得るためには、進学塾へ通うことは必要不可欠と言ってもよいでしょう。

ただ、活用の仕方と、子どもへの負担をできるだけ軽くすることを、親として考える必要があります。

進学塾で揺らぐ子どもの自信と心の余裕

入塾すれば、小学校を下校すると家にランドセルを置いて休む間もなく進学塾へ行きます。そこでは、生徒は学校よりも格段にレベルの高い授業を受け、与えられた問題を解き、模擬テストなどに備えて夜遅くまで学習に励みます。テストを受け、偏差値の上下を見て、どれぐらいの確率で志望校へ入学できるのかを確認する。こうやって多くの受験生は、入試が終わるまで進学塾で学習に励みます。

塾での学習は、学校よりレベルは高く、学習する分量も多く過酷です。努力に見合った学習効果が出る生徒にとっては、学習時間などの負担がのしかかっても席次は上がるので、やる気の維持はできます。

反面、思うように点数が伸びない生徒もいます。机に座って勉強する時間は格段に増えているのにもかかわらず、テストでよい点数を取ることができません。「あれだけ頑張ったのに、どうしてテストの点数が悪いのか」と子ども心に思います。

努力しても低い点数が続けばどうでしょうか。大人でも少しずつ自信が揺らいできます。年齢の低い小学生ならなおさらです。それに伴って、やる気が萎えてきます。

小学校の中学年から高学年の年齢の子どもが、このような経験をします。子どもの気持ちを推しはかれば、いたたまれないものがありますが、けなげに、そんな素振りは見せずに頑張り続けます。心は少しずつ蝕まれます。しかし、進学塾は保護者の期待に応えて有名校へ1人でも多くの合格者を出すために、授業をどんどん進めていきます。

有名私立、公立中学校を受験させる保護者は、子どもの幸せを思っています。わが子が高い学力をつけ、受験勉強に打ち勝ち志望校に入学して、社会に羽ばたいた時に、やりたいことをして活躍ができる、そんな大人になってほしいと願っています。しかし、その思いとは裏腹に、受験勉強で子どもを不幸にするケースがあります。

「そんなはずはない」と言われるかもしれません。しかし、受験勉強が要因となってそのことは生じます。

受験勉強は絶対評価ではなく、相対評価

私は受験勉強をすることについて、何も否定はしていません。目指す中学校へ行くには、募集人数があります。志望すれば、みんながみんなだれでも行けるわけではありません。

入学試験に合格しなければなりません。そのために進学塾へ行っての受験勉強は、避けて通ることはできないのです。

受験勉強においては、自分がどれだけ頑張ったかということでは評価されません。いくら頑張っても、人より劣っていたら何も評価されない世界です。

絶対評価ではなく、相対評価なのです。年齢のまだ低い小学生が一生懸命に頑張っても、他の人よりも点数が低ければ、何ら評価をしてもらえなかったらどうでしょうか。頑張って前より高い点数を取っても、他の人の点数がもっと伸びれば席次は下がります。周りの大人からは、もっと頑張れと叱咤激励をされます。

頑張っても順位が落ちれば、やる気の出る子はまずいません。気分的にしんどくなり、意欲が失せてきます。同じようなことが繰り返し起これば、子どもの心の中に、「いくら頑張っても友だちを超えることはできない」という劣等感が芽生えてきます。劣等感が積もり積もって大きくなるにつれて、自分自身に対しての自信は揺らいで小さくなっていきます。

小学校高学年といっても年齢は低く、精神的には未熟です。親はわが子を注意して見守らなければなりません。この時期に、下手な対応をすれば、子どもにとって最も大切な自信を失うことにつながりかねません。そうなれば、将来にわたって大きなマイナスの影響が出てきます。

自信を失えば、人はやる気や積極性は出てきません。前向きになってチャレンジする気持ちはなくなります。自信をもたないで、長い人生を生きるのはとても辛く、みじめなことです。何事も成就することができなくなります。

最も大切な自信を小学校時代の受験勉強でなくしてしまうことは、大きな悲劇です。子どもに幸福になってほしいと願って、多くの費用、時間と労力をかけての受験勉強が、真逆の結果になってしまいます。このようなことが起こらないように、中学入試の受験勉強で周囲の大人は、細心の注意を払って子どもへ対応しなければなりません。

進学塾でよい結果を残すには、準備が必要です

進学塾へ行ってよい結果を出そうと思えば、学べば成果が上がるように、しっかりとした準備が大切になります。習う内容は学校の内容と比べるとはるかに難しく、多くの量を入塾すればこなさなければならないからです。

進学塾は入塾する生徒のことを思ってするのか、賢い生徒を選りすぐるためにするのかはわかりませんが、入塾テストをして生徒をふるいにかけるところが多くあります。入塾テストで不合格になれば、当然、テストを受けた本人と保護者は気落ちをしますが、そのダメージは通塾してから自信をなくすことを考えたら些細なものです。

運よく進学塾の入塾テストに合格して、いくら覚悟を決めても、塾で習うことや宿題をやりこなしていくには、高い基礎学力をつけておかなければなりません。子どものことを考えれば、進学塾に行くには生半可な気持ちではなく、用意周到の準備が必要です。

算数の計算力、国語の読解力は必要不可欠です。どれぐらいの力が最低必要なのでしょうか。

計算力は、小学校4年生の初めから通い出すなら、小学校6年生の仮分数や帯分数の加減乗除はすらすらとできて当たり前で、中学校2年生で出てくる連立方程式ぐらいまでは、正確に速くできるような力があればと思います。

国語に関しては、小学校6年生で出てくる漢字や単語・熟語はもちろん、中学校2年生の教科書に出てくる文章がすらすらと読め、接続詞や指示語の問題がほぼ誤りなくでき、10行程度の文章を2行ぐらいに素早くまとめられる要約力ぐらいはつけておいてください。

進学塾は、基礎基本を教えるのではなく、目指す中学校に合格させるために発展問題や応用問題を解く力を養うところなのです。だから、高い基礎学力をしっかりとつけてから入塾してください。

また、進学塾への中途半端な気持ちでの通塾は、子どものために絶対によくありません。習ったことがわからなかったら、家でだれが教えるのか、子どもの気分転換や健康管理はどうするのかなど、真剣に考え、家の中で父親と母親の役割分担を決めるのは、至極当たり前のことです。中学校受験は、子どもだけの受験ではないからです。親子受験であることをくれぐれも忘れないでください。

合格後は、能動的な学習への切り替えが大切です

目指す中学校へ合格しても、決して安心しないでください。中学校受験において、もう一つ大切なことがあります。それは、人から言われなくても自分で学習をする習慣が、わが子についているかどうかということです。

目指す学校に入学したのに、今さら何を言うのかと不思議に思われるかもしれません。

しかし、このことは盲点なのです。

中学校受験は、学校で習う以外の多くの事柄を詰め込まなければなりません。それを、時間をかけずに効率的にやろうとすれば、大人の言っていることについてあまり深く考えずに、ただ言いなりになって、与えられたものをひたすらやればよいのです。いわば、受動的な学習です。

しかし、受験に合格して目指す中学校へ入ると、状況は一変します。進学塾のように次から次へとあてがわれて学習するようなことはありません。「あれをしなさい、これをしなさい」と細かく指示を出すようなことは、中学校の先生はあまりされません。生徒自身が何をするのか考え、学習をすることが必要となります。能動的な学習です。今まで受け身的で学習してきた生徒にとって、真逆の能動的な学習に切り替えることをしなければなりません。これには、困難を伴う生徒がいます。

受動的学習から、能動的な学習へのチェンジをスムーズにするには、どうすればよいのでしょうか。

志望校に合格後、入学式までの間に課題を出す学校もありますが、受験勉強で進学塾へ通っていた頃と比べて、時間的余裕は多くあります。時間があれば、やることを丁寧にきっちりとすることができます。その分、上達の度合いは速くなります。手帳を使用しての自己管理も例外ではありません。だから、成長するにつれて必要性が増してくる自己管理力をつける第一歩を踏み出す、またとない絶好の時期としてこの時期を活用してほしいです。

入学式の頃の自分をイメージして、月ごと、週ごとの目標を決め、その目標を達成するためスケジュールを立て行動する練習を、手帳を使って始めるのです。スケジュールの書き方などは、最初は子どもへの指導は少し必要ですが、慣れてくれば自分でやれるようになっていきます。

ただ、最初から上手な書き方を望むのではなく、半年ぐらいの期間をかけて書けるようにしてください。しっかり書けるようになれば、自己管理ができるようになり、中学校入学後の成績もぐんぐん伸びていきます。

「自分ではコントロールできないから親に止めてほしい」など、最近はネット依存・ゲーム障害の中高生が増えて緊急事態のような状態になっています。しかし、このようなことは、自己管理ができる子どもにとっては無縁です。

入塾すれば、どれだけの効果があるのか確認が必要

学校以外の場で学ぶとすれば、多くの生徒は塾へ通います。

春先になると進学塾のチラシが、待っていたかのように、ここぞとばかりに新聞に折り込まれています。私は進学塾には勤めていなかったのですが、塾業界に身を置いていたこともあって、1枚1枚チラシをよく読みました。何を訴求しようとしているのか、興味をもって見ていました。

進学塾のチラシは、どれも開成中学校や灘中学校などの偏差値の高い中学校の合格者数を掲載して、数を競っています。それと併せて、ありきたりとも言えるような、生徒の塾での体験記を載せています。どの進学塾のチラシも、つくる側が鈍感なのかこれといった特色をあまり感じませんでした。合格人数や体験記が内容のほとんどでした。あまり深く考えずに合格者の人数を見て体験記を読むと、チラシを折り込んだ進学塾へ入塾すれば、志望校に合格するような錯覚に陥ります。親と子どもが行きたい中学校の合格体験記がチラシに掲載されていれば、生徒や保護者にとって、チラシは明るい希望を運ぶようなものになるかもしれません。

しかし、入塾をすればなぜできるようになり、偏差値が伸びていくのか、私の読解力不足からかもしれませんが、肝心な内容を読み取ることはできませんでした。

また、塾の全体像もはっきりとしません。たとえば、何人の塾生が12月末に在籍していて、どこそこの中学校へ何人受験をして、何人の合格者を出したことぐらいは載せるべきです。合格者の人数はあっても、受験者の人数は掲載をされていません。チラシは、合格という一部にスポットライトを当て、塾全体の受験実績を見えなくしています。

それに加えて、合格者の進学塾での学習期間、入塾時のテストの点数や偏差値の推移など、進学塾に通うことにより、どのように成績が変化をして伸びていくのかがわかりません。それが明確にわかれば、進学塾の全体像と学習効果が明確になります。

チラシに掲載していなければ、入塾の際の面談でできる限り教えてもらうしか手はありません。

学校とは異なり進学塾は、行きたい人が行くところです。行く目的があるから行くのです。その目的に適わない場所へ行くのは、時間とお金の無駄になります。だから、入塾するとどれだけの効果があるのか、しっかりと見極めることがとても大切です。尋ねても明確に親や生徒に伝えることができなければ、データを取って蓄積していないか、結果がかんばしくないことが考えられます。

進学塾へ通えば、大きな支出になります。かけた費用に対して得たい効果を獲得しなければ、通塾する意味はないので、入塾を決める際には学習効果は、念入りに聞く必要があるでしょう。

合格実績（合格者数）は、本当の塾の実力を示していない

進学塾経営をする側にとっては、有名私立中学や高校への合格実績を上げるのに、一番楽で手っ取り早いのは、よくできる生徒をいかに多く集めるかということです。

私立中学校や高校でも、有名国公立大学への進学実績を上げようとすれば、同じことになります。中学1年生の入学時に偏差値の高い生徒が、偏差値の高い大学へ合格するのは、ある意味当然の結果です。

ただ、よい学校は偏差値が低く、お世辞にも決してよくできるとは言えない生徒でも、やる気を出させて学力をつけ、志望校へ合格させます。

進学塾も同様です。学力があまり高くない生徒でも、内発的な動機づけをおこない、や

る気を出させて、目指す中学校に合格をさせるのが、本当に値打ちのある、お金を出して、行く価値がある進学塾です。しかし、そんなことは新聞にたくさん折り込まれるどのチラシを読んでみても、私には皆目わかりません。

入塾をする時には、有名校への合格人数といったうわべで判断するのではなく、受験勉強をおこなうのにふさわしい、学力が伸びる進学塾なのかどうかで決めましょう。

繰り返しになりますが、どのようにして生徒を伸ばそうとしているのか、実績のある先生がいるのか確認をする必要があります。優秀な先生がいないので、有名大学の大学院生や大学生のアルバイトで取りつくろっているのは考えものです。学力が高いのと、難しい内容を生徒にわかりやすく教える技術は全く別のものです。学力があるばかりに、どこが難しいのかがわからなければ、生徒のできないことを理解できずに、上手に教えることはできません。

学ぶとはどんなことなのか

長年、塾に勤務をして生徒を見ながら「学ぶことは、そもそもどんなことなのか」という問いを、繰り返し自分自身へしてきました。自分が携わっている仕事の意義や価値を様々な角度からとらえるために、人があまり気にかけないことを考えていたのです。

短期的な視点から「学ぶ」ということを考えれば、習得するためにかかる期間を短くすることに尽きるのではないでしょうか。たとえば一人で泳げるようになったり、ピアノを一人で弾けるようになったりするのに、習わない時と比較すれば、習うことによって期間は短くなります。一人で練習をすると、なかなか要領を得ないので、かけた時間や労力の割に効果は上がりません。

同じ内容を学習塾で学んでも、学ぶ塾によって、つけたい学力を身につけるのに要する期間には当然差があります。短い期間で習得したい力を得られる塾が、生徒にとって、保護者にとって、よい学習塾だと私は思っています。

進学塾へ行く場合もそうです。目指す学校へ合格させるためにつけなければならない学力を、短い期間でつけられる進学塾ほどよい塾です。

しかし、いつまでにどんな力をつけるのか、塾の先生の中には、驚くことに無頓着な先生がいます。短期的な学習効果にはあまり目を向けずに、「長く通えば、生徒は自分で学習する力がつき、自立した社会人に育ちます」というような、ざっくりとしたことを言う先生がいます。このような言葉を聞くと、この先生は一体何を考えているのだろうかといつも思っていました。

塾に通えば長期的にどんな力がつくかということは、もちろん大切なことは言うまでもありません。しかし、短い期間に学習効果を上げ生徒の意欲を高め、生徒を変えていくことも忘れてはなりません。短期的な学習効果の延長線上に、長期の学習効果があるからです。

通塾される場合は、短期、中期、長期それぞれの期間の学習内容を塾の先生に確認して、それぞれにどんな力がつくのかを聞き、納得をしてから入塾されるのがよいでしょう。生徒を指導する先生の方も、個々の生徒に目標を意識して授業や出す宿題を考えれば、指導力は格段に上がります。目標は指導する側とされる側の意識を変えて、学習効果を高める働きをします。

学習を通じて、自立して歩んでいける力を身につける

社会に出れば、学校で学んだ時のように、だれも懇切、丁寧に教えてくれません。また、社会人になれば、学生時代とは大違いです。自分で課題を見つけ、考えて行動し、課題を解決することが求められます。受け身の姿勢ではなく、能動的になって物事を進めることが何よりも要求されます。

では、どのようにすればよいのでしょうか。学習という範囲の中で考えれば、次のようなことが言えるのではないでしょうか。

学習には、2つのやり方があります。一斉授業のように人から教えられてする受け身の学習方法と、人から教えられないでおこなう能動的な学習方法です。後者の学習を取り入れ、社会に出ていく準備をおこなうのです。

具体的には、自分にとって自学自習ができるゆるやかに難易度が上がっているスモールステップの問題集を選んで、学習計画を立てて決められた日までに問題を解き、立てた目標を達成することを繰り返すのです。このような学習を通して、だれからも教えてもらわなくとも、学習を自分の力でやり切っていく素地が形成されていきます。

言うまでもなく学力は大切ですが、社会に出て成功するには、学力とともに、自分で物事を考えて、へこたれないで忍耐強くコツコツと取り組み、やり抜いていく力は、なくてはならないものです。その力を、学力とともに学習を通じてつけていくのです。

これとは反対に、大人から与えられたものをただこなして、よい点数を取ることだけに終始してテストの点数に一喜一憂すれば、自ら課題を考えて行動をしていくようにはなりません。注意を払う必要があります。

それとともに、繰り返すことを厭わない姿勢を身につけることが大切です。学校で習った範囲のドリルの練習問題は、1回ではなく2回、3回とした方が、学力が定着して、速く、正確にすることができるようになります。スポーツの世界でも、ものづくりの世界でも、何事においても、繰り返しすることなしに、技や技術など身につくものはありません。この繰り返しおこなうことができる力を、自学自習で身につければ、人生を歩む大きな力を得たことになります。

第5章

教育現場を見て感じたこと

学校の先生と本音で語り合う

私は大手の塾に40年以上にわたって勤めました。公教育の学校で実際におこなわれていることをもっと知り、さらに地域の子どもたちを伸ばすために、多くの学校関係者の方と交流をもつように心がけました。他の塾関係の方とは、何かの機会で席を同じくすることがあれば、守秘義務を守りながら情報交換を積極的におこないました。学校も数多く訪問しました。塾の地域の責任者として挨拶をして名刺を渡せば、校長先生か教頭先生のどちらかにお会いして、心置きなく話をすることができました。

ある県に責任者として単身赴任をした時は、県下にあるすべての小学校へ挨拶訪問を兼ねて出かけました。校長先生から、各学校で力を入れて取り組んでおられることをお聞きしました。単身赴任を終え、都市部の責任者として異動した際は、主として私立中学校、高校の先生との交流が多くなり、勉強会に講師として来ていただいたり、時には研修の講師として私が招かれて話したこともありました。ある私立小学校では、課外授業の一環として約2年間、直接生徒指導をおこないました。

私立小学校、中学校、高校を繰り返し訪問をしたり、私の勤務先に来ていただいたりして、学校の先生と話をする機会を重ねていくと、お互いに打ち解けてきます。初対面の時などは、相手の考え方がわからないので、どうしても差しさわりのない話に終始しがちになります。しかし、気心が知れてきますと、質問をしたいことをストレートに聞くようになります。相手の先生からは、普段の話には出ない本音が顔を出します。

とりわけ私学の先生は熱心だった

このような交流を通じて、とりわけ私立小学校、中学校、高校の先生方の熱意を強く感じました。

私立の学校は、生徒が来なければ経営が成り立ちません。多くの生徒に来てもらうためには、生徒の学力を伸ばすことが必要不可欠になります。だから、先生方は経営的な観点からも、生徒や保護者のためにも、心の底から生徒を伸ばそうと一生懸命に努力をされていました。それは、思っていた以上でした。

同じような考え方をもっているから、互いに親しくなったと言えばそれまでのことですが、もう一つ感じたのは、先生方の考えている学力が伸びる生徒像は、私の思っているのと、全くと言ってよいほど同じだったからでしょう。

都市部で知り合った私立中学・高校のある先生は、日々の学習指導に、生徒獲得に、エネルギッシュに活動をされていました。ある先生の、朝に登校してから帰宅されるまでの一日の活動を聞いて、果たして自分だったら務まるだろうかと思ったことがありました。

授業前のプレ学習から、放課後に生徒の自習性を尊重した学びの場の指導など、先生の学校での勤務は長時間にわたっていました。授業と授業の合間には、海外に留学している生徒とスカイプで話され、生徒の状況を把握して心の健康についても気を配って、生活面のアドバイスをされていました。働き方改革が叫ばれている現在、どのようにされているのかを知りたいと思う時があります。

入学試験の点数は、入学後の成績を保証していない

中学入試を合格した生徒は、入学してからどんな生徒が伸びるのでしょうか。私立中学校・高校では、入学した生徒の小学校時代の通塾歴、入学試験の各教科の点数、中学校に入ってから高校卒業時までの模擬テストの点数と偏差値の推移を記録に取っている学校がありました。データをもとにして、どんな生徒が伸びるかを割り出し、日々の授業にも活かそうとされていました。

当然、そのようなデータは部外者の私は見られません。しかしながら、話の端々からデータを分析してわかったことを窺い知ることができます。

まずそこで知ったのは、中学入試の成績順位が卒業時の順位や有名大学の合格とはあまり関係がないことです。「入試の点数はあてにならない」という言葉を、先生からよく聞きました。入学試験の点数が、入学後の成績を保証していないのです。

中学入試は、既述したように大人が言ったことを聞いてその通りにやっていった方が効率的で、高い点数を取ることができます。しかし、中学校へ入学すれば学校の先生は塾の先生のように、細かな指示をあまりしません。生徒自らが何をするのかということを自主

的に決めて、日々の学習や活動をする必要があります。小学校時代のような受け身の姿勢でいると、急激に成績が下がってきます。

しかし、成績が下がってしまった生徒でも、心の底から将来になりたい職業や、やりたいことを見つけられれば、それを叶えるために、見違えるほど変わります。人から言われて目的をもたないでおこなう学習に比べて、内発的な動機でおこなう学習は、学習の濃さが全く違ったものになります。生徒の学習に対する取り組む姿勢や態度は大きく変わり、成績は一気に向上します。

「入試の点数はあてにならない」、でも国語の点数は大切

私は、入試部長と話が弾んでくるとよく質問をしました。なぜ、そんなことをしたかと言えば、私が勤務している塾に通う生徒は、大半が小学生です。通ってきた小学生にどんな力をつけてやれば、中学校、高校で安定して学力が伸びるようになるのかを知って、塾生に還元したいと思っていたからです。

「入試の点数はあてにならない」と前述しましたが、1つだけ補足をします。

「入学後に成績が伸びる生徒は、入学試験のどの教科の点数と関係がありますか」と、質問をしました。私なりの答えはもっていましたが、学校の先生の意見を知りたかったのです。

どの先生も「学科の点数なら、国語の強い生徒です」と言われます。そして、国語の点数に加えて、本をたくさん読んでいることも重要ですと、当たり前のことを付け加えられました。第2章でも触れましたが、本を読めば知識が広がり、語彙数も増え、思考に幅と深さが出て国語力を磨くことにつながります。学校の先生の言葉と、私が長年の塾勤務からたどり着いた考えは全く同じでした。

保護者は、国語について2つの考え方をもっている

国語力というのは、何なのかと言えば、日本語を理解し、日本語で自分の考えなどを表現する力になります。その国語の力について、保護者は2つの考え方をもっています。

普段から日本語はいつも使っているので、わざわざお金を出してまで国語を習う意味がわからない、という考え方が1つです。

もう一つは、国語の力が弱ければ、書いてある文章の意味をしっかりととらえることができないので、学力をつけるのに致命的な欠陥につながるという考え方です。数学、理科、社会は、書いてある内容はそれぞれの教科の事柄ですが、日本語で書かれています。つまり、国語力がなければ日本語で書かれている理科や社会の内容を理解することに、支障をきたします。だから国語の力は、すべての科目に影響を及ぼします。

また、国語において見逃してはならない重要なことは、人は頭の中で言葉をつなぎ合わせて物事を考えることです。つまり、言葉はものを考える時の道具になります。道具が少なければ、ものをつくってもよいものはできません。

国語力が弱くて考える道具の語彙が少なければ、思考の広さは狭くなり、深さは浅くなります。語彙数は思考力に大きな影響を及ぼします。

伸びる子どもは、国語力が高いことをここまでにも再三、お話ししてきました。実際、国語力がある生徒は、他の生徒と比較して理解力が優れているからです。国語の力は、学校で学ぶ期間だけではなく社会へ出てからも極めて重要です。国語力が高いと、多方面にわたって大きな効用があります。しかし、そのことに気づいている人は、意外と少ないように感じます。

ますます大切になってくる国語力

私が長年勤務したのは、受験勉強を指導する進学塾ではなく、基礎学力をつける塾です。そこには進学塾とかけ持ちをして、有名私立中学校、公立高校、有名私立高校を受験する生徒もいました。

生徒を教室で直接指導している先生との勉強会を毎年2~3月頃におこないますと、進学塾ではないのですが受験結果が話題になりました。毎年、次のようなことを先生からよく聞きました。

①国語はさほど勉強しなくても、いつも模擬テストはよい点数が取れていた。

②国語の学習する時間を、算数（数学）、英語など他の教科に回していた。

直接生徒を指導する先生の話から察すれば、合格した生徒は、他の教科と比較して国語に関しては、あまり時間をかけて勉強しなくても、いつも高い点数を安定して取ることができていたようです。国語力があれば、断然受験を有利に戦うことができます。

大学入試においても国語力があれば、有利に事は運びます。少し具体的に見ていきます。

2019年の国公立大学入試において、推薦入試とAO入試を合わせた募集人員は、2万

５３９０人となりました。募集人員全体に占める割合は２割を超えました。

もう少し細かく見ますと、国立大学の募集定員は、９万５３１９人でＡＯ入試と推薦入試の募集定員は、それぞれ４４１１人、１万２１５４人となりました。２つの試験が合格者に占める割合は、１７・４パーセントです。

一方、公立大学では、それぞれ３万１０７１人、７９２人、８０３３人です。その占める割合は、２８・４パーセントとなり、４分の１を超えました。２つの試験の合格者は、年々増加の一途をたどっています。

推薦入試の選考で最も多い形式は、書類審査、面接、小論文です。ＡＯ入試では、論文重視タイプ、自己推薦タイプなどに分かれますが、国公立大学や難関私立大学に多いのは前者のタイプで、第１次審査で書類・論文審査があり、第２次審査で、面接や小論文が課せられます。国公立大学の推薦入試やＡＯ入試に合格をするためには、書くという、国語において最も難しい力が要求をされます。

今までの大学入試での個別学力検査は、答えのある問題を出していましたが、最近の傾向として、物事に対する知識、理解や判断などを見るような問題が出題をされます。すなわち答えが１つではないような問題です。

入試問題ではありませんが、ある学校が新聞の見開きやネットに「信号の3色に1色を追加するとすれば、何色にしますか。それは、なぜですか」という問題を掲載していました。

色々な答え方があります。このような問題に関しての答えは、自分の考えたことをまとめ相手にわかるよう伝えなければなりません。創造力と表現する力がいります。答えを作成するのに国語力の有無は、大きく影響します。国語力があれば先生が言われていることがよくわかり、教科書を見ての自学自習はスムーズになります。

しかしながら、この国語力をつけるには、よく言われているように本を読んでも、目立った効果はなかなか出てきません。

塾に勤務していた頃、東大に多くの合格者を輩出する全国に名を馳せている高校の元校長先生を招いて、保護者や生徒を対象にした講演会を開催しました。その時、その校長先生は、「大学入試で国語が悪くて不合格だったら浪人をしないで、合格した大学へ行きなさい。化学や生物などの理科の科目や日本史、世界史、地理などの社会科の科目の点数が低くて不合格だったら、浪人をして目指す大学を次の年に受験をしなさい」と言われました。

なぜ、こんなことを言われたのか、それは国語力をつけるには時間がかかるからです。国語力は、読んだ内容がわかる読解力や、自分の考えを相手にわかるように表現する、話す力や書く力などがあります。書く力をつけるには、まず読み取る力をつけなければなりません。このことから、書く力をつけるにはさらに時間が必要になります。

■社会に出てからも国語力は、なくてはならない力

突拍子もないことを言うと思われるかもしれませんが、国語力のないメンバーが組織やチームにいますと、人間関係にトラブルが生じたり、業績に影響を及ぼしたりします。

長年、私は地域のリーダーとして、大手の塾で仕事をしていました。目標を達成するために、みんなから意見を出してもらい、具体的に何をおこなっていくのかを決める会議をしていました。どこの会社も、似たり寄ったりだと思います。会議でやることを決め、共有していたのにもかかわらず、やってみると、足並みが揃わず、決めたように行動をしない者が出てきます。

だれも、悪気をもってそんなことはしないだろうと思い、責任者としての立場から原因

を探りました。メンバーが話している言葉や発言を注意深く聞いてみると、同じ言葉を聞いても意味のとらえ方が、それぞれに少しずつ違っていることに気づきました。そして、ぱっとした業績を上げずにトラブルをよく引き起こすメンバーの1人は、単語の意味のとらえ方が少し違っていました。また、言葉は曖昧なものなので文脈の中で言葉の意味を理解しなければいけないのですが、そのことも不得手で多くの取り違えをしていました。

国語力が仕事に大きな影響を及ぼしていることに、びっくりしたことを記憶しています。同じ言葉を聞いても違った意味でとれば、考え方がずれ、おかしな行動になるのも当然のことです。

新型コロナウイルスが流行する前までは、毎朝、会社へ出社すると、まず机の上のパソコンを起動して、今日の自分とメンバーのスケジュールを確認することから始めて、その後に、送信されてきた多くのメールに目を通し、すぐに返信できるものはコメントをつけ返信する。この一連の作業を、朝礼までの間にされている方は多くおられたのではないでしょうか。

テレワークとなり、家庭にあるワーキングルームでおこなうようになった現在も、この作業は変わらないでしょう。しかし、届いているメールの数は1つや2つではありません。

コロナウイルス流行以前よりも、多くのメールが毎日、届きます。さっと見て内容を読み取り、返答が必要なメールは、返信をしなければなりません。内容を素早く読み取る速読力と、返信コメントの作成には文章を論理的にわかりやすく表現する力が必要になります。まさに、これは国語の力以外の何ものでもありません。

社会に出て国語力が弱いと、本人の仕事への負担は重くなります。誤って物事を理解して、不明瞭な文章を書いて送信すれば、顧客の信頼をなくして売り上げが落ち、会社の利益が減少することにもつながります。

人工知能が発達する社会が来ても、国語力の必要性は変わらない

これからの時代は、人工知能の発達により社会が激変して、今おこなっている仕事がなくなってしまうことを書いた本や新聞の記事をよく見かけます。WEBにも様々なことが書かれて、生活は便利になるものの雇用の先行きに暗雲が垂れ込めているような感じをもつ人が多くいます。

人工知能が発達すればこれからの社会はどのように変わるのか、小学生でも高学年にな

ると大きな関心をもっています。そして、やる仕事がなくなる未来を想像して、子どもなりに心配をしています。しかし当たり前のことですが、心配するよりも、備えることが大切です。

すべてにおいて、万能なものはありません。人工知能もそうです。不得手なことや、できないことがあります。たとえば、人の気持ちがわからないことや、場の空気を読めないこと、文章を読んで理解をする力が弱いことなどがあげられています。

人工知能が発達する社会では、相手の立場になって物事を考える力や、会議などでは全体の雰囲気を読み取り場に即した発言をおこなうことや、文章から色々なことを読み取っていく国語力があれば有利に事が運びます。

学習する習慣が大切

入試部長の先生と話していて、「生徒が中学校へ入学してから伸びていくためには、国語力は大切な要素ですが、もう一つの大切なことがあります。それは何かわかりますか」と、普段とは反対に尋ねられたことがありました。

不意の質問に少し慌ててしまって、すぐには答えが出なかったのですが、よくできる生徒を頭の中に思い浮かべて「学習習慣がついている生徒です」と答えました。

ごくごく当たり前の答えだと思いますが、先生から「さすがですね」と褒めていただきました。

「そうなんです。（親や先生から何も言われなくても自分で）勉強することができるかどうかが一番大事です。学習する習慣があるかどうかが、一番のポイントです。それを、小学生の間につけてうちの学校（入試部長の勤務している学校）へ入学してほしい」と、先生は言われました。

保護者には意外に聞こえるかもしれませんが、塾には勉強する習慣が強固につくところと、そうでないところがあります。生徒の通塾歴の記録から、入学してくる生徒に勉強する習慣がついているかを判断し、生徒指導に活かして成果を上げておられました。

親の意識が、学校へのクレームとなっていた

私とよく話をした私立中学校、高校の先生はどの先生も大変熱心で、生徒を伸ばそうとされていました。しかし、「えっ」と思われるかもしれませんが、教師と異なる意識をもった保護者は少なからずいます。

「生徒を伸ばそうと思えば、保護者の意識から変える必要がある」と言われたことは、強く印象に残りました。

ある私立中学校では、生徒にとって最も大切な学習する習慣をつけるために、放課後に自習室を開放して、そこで学ぶ生徒の質問に答えられるように教師を配置していました。しかし、この取り組みに対して、新入生の保護者からクレームの電話が入ります。1件や2件の少ない件数ではないそうです。クレーム対応に、学校は毎年6月の初旬頃まで取り組まなければならないと嘆いておられました。

保護者の電話は、具体的に言えば次のようなものです。

「(自習のような勉強の方法ではなく)丁寧にわかるように教えて、もっと生徒の面倒を先生は見るようにしてください。しっかりと教えてもらわないと、何のために高いお金を

払ってわざわざ私学へ行かせているのか意味がありません」

教育において何が大切なのかということがわかっていない保護者からの突き上げです。そのたびに、時間を取って丁寧に保護者へ説明をしていると先生は言われていました。毎年、新しい生徒が入ってくる新学期の4月から6月初旬あたりまでは、電話への対応に時間が取られて大変な状況になっていたようです。

「このような、保護者の電話をどう思いますか」と憤まんやるかたない表情で、言われたことがありました。

手取り足取り教えてくれる先生は、よい先生ではない！

多くの保護者にとって、理想的な先生とはどんな先生でしょうか。ずばり一言で言うなら「手取り足取り、懇切丁寧にわが子に教えてくれる先生」です。

保護者だけではなく、生徒も少なからずこのような考え方をもっています。きつい言葉で言えば、保護者も生徒も、できるだけ楽をして学力がつくことを望んでいます。テストで点数が悪ければ、生徒は自分のことを棚に上げて、「先生が丁寧に教えてくれないからわからなくなって、それでこんな悪い点数をもらった」と言います。勉強をしなかったことを棚に上げて、悪いのは自分ではなく、先生だと責任を転嫁します。かなりの親が同調します。

このような考え方でいる限り、学ぶ内容が難しくなる中学校や高校では学力は絶対に伸びません。

学校の先生が、一生懸命に生徒にわかるように教えても、生徒が家に帰りテレビやスマートフォンを見ながらおやつを食べ、その後に漫画の本を読んでダラダラとした時間を過ごして机に向かわなかったらどうでしょうか。家庭での状況がよくないのに、成績が伸びるでしょうか。

しかし、このことを保護者は理解ができないのか、理解ができても親として中学生や高校生となって大きくなったわが子に、家庭で勉強をするように仕向けるのは煩わしく、何もしたくないのかもしれません。責任を放棄して、結果として学校にわが子の教育を丸投げしている状況になります。

私なりに考えているよい先生とは、その先生の顔を見ると何かしらやる気が出てきて、一生懸命に学習をしたくなる先生です。そして、学年が上がれば生徒に、なりたい職業や、やりたいものを見つけられるようにして、内発的な動機を生徒に起こす先生です。稚拙な考えだと少し呆れる方もおられるかもしれませんが、そんな先生とお子さんが巡り合えればとても幸せです。

自己管理ができれば行動が変わり、成績が向上する

学校が一生懸命に生徒のことを思って取り組んでも、家庭での状態が思わしくないという現実があります。このような状態に何らかの有効な手立てをしなければ、生徒の成績は思うように上がりません。そうなれば、少子化が加速する中、私学が生徒募集をしても、集まりにくくなるのは必然です。伝えてもあまり変わらない保護者に対して、何を言っても、かけた労力に見合う成果はあまり期待できません。この状態を打開するために、ある私学は逞しく手を打っていました。

生徒の家庭での状態を改善するために、生徒が自分のスケジュールを管理するようにしました。入学すると手帳を配布して、4月の最初におこなうホームルーム活動で手帳のつけ方を生徒に教えます。その後は担任の教師が1週間に1度、手帳の書き方を指導しまし

た。

手帳には、勉強、読書の時間、友だちとの遊びなどのスケジュールを記入します。入学した4月の終わり頃のおぼつかないような書き方の手帳が、半年ほど経つと大人でも書けないようなものになります。比べてみると差は一目瞭然、どう見ても別人が書いたとしか思えないようなものになっています。

手帳のスケジュール表に、生徒自身が1日の予定を考えて書き入れ、書いたように行動する。これができるようになれば、どの生徒も変化していきます。人から言われなくても、スケジュール表に書かれてあるように、行動するようになります。時間がくれば、何も言われなくても机に座って学習を始めます。読書の時間になれば、時間通りに本を読むようになります。

大人でもなかなかできない自己管理を、手帳を使用して、中学生ができるようにしました。そうなれば生徒の行動は変わり、成績、偏差値は見る見るうちに上がります。

学校と家庭、両方の学習が上手くいってこそ学力は向上する

塾に勤めていたくせに随分学校に肩をもつと思われるかもしれません。わが子ができるようになるためには、学校での授業はもちろん大切です。しかし、学校だけでは片手落ちです。家庭での過ごし方も、大きな影響を及ぼします。

毎日が忙しいので、わが子の教育は手っ取り早く手間をかけずに済ましてしまいたいというのが、親の本音ではないでしょうか。そんな親は、わが子の勉強に関することは、学校や塾に丸投げに近い状態です。

しかし、それでは思うようにわが子の成績は伸びません。私と話した学校の先生は、生徒が家でダラダラ過ごして勉強をしないことがないように、家庭で子どもに勉強する時間を守らせてほしいと言われます。なぜなら、繰り返しになりますが、学力は学校と家庭、両方の学習が上手くいってこそ向上するからです。

小学校の6年生、中学校の3年生が受験する全国学力調査があります。私の住んでいる地域と隣接する自治体の知事は、この全国学力テストの結果が悪ければボーナスを返上すると言いました。そして、小学校の国語で、全政令都市の中で最下位だったので「現場は

よく頑張っている」と言いながら、約束通り責任を取って夏のボーナスを寄付したことがありました。

学力テストの結果が悪いのは、学校で生徒たちに学力をつけられていない、詰まるところ教員の指導がなっていないと、言葉には直接出していないものの、何か遠回しに言っているように聞こえてなりません。

ですが、生徒の学力は学校だけでは決まりません。極めて優秀なすばらしい知事ですが、こと、この件に関しては少し考え違いをされているように思われます。教師の方々が気の毒です。

「千里の馬は常にあれども伯楽は常にあらず」

生徒の学力を伸ばしていくには、学校と家庭の両方の学習が上手くいっているかどうかがポイントになることをお伝えしました。ただ、「40年以上にわたって塾の教育現場を見てきた者」が語るにしては、読者にとってはあまりにもありきたりの結論で、今一つもの足らないところがあるのではないでしょうか。そんな読者の期待に応えられるかどうかはわかりませんが、一点付け加えたいことがあります。

故事成語に「千里の馬は常にあれども伯楽は常にあらず」という言葉があります。千里を走る名馬はいつでもいるが、名馬を見抜く人（伯楽）はいつもいるとは限らないという意味です。

これを教える側と生徒に置き換えてみると、能力が伸びていくすばらしい生徒は多くいるのに、生徒を伸ばす先生（伯楽）はいつもいるとは限らないということになります。

取り立てて優秀ではない普通の生徒なのに、その先生の指導を受ければ、あれよあれよという間にできるようになり、優秀な生徒を束になって輩出する、まさに伯楽のような先生が、多くの先生の中にごくわずかに存在します。そんな先生と巡り合えれば、とても幸せです。生徒の将来は大きく開けます。保護者にとっては、教育にかける費用を節約できるでしょう。

私は、伯楽と思われる先生と他の先生とは一体どこが違うのか、実際に生徒を指導している現場へ出向いて生徒への対応や教え方を機会があるごとに観察をしました。

まず、気づいたことは、子どもに学力をつけ、能力を伸ばしていく方法は1つだけではなく、色々あることでした。登山にたとえれば、学力をつけること、すなわち登頂するためのルートは1つではないのです。色々なルートから頂上を目指すことができるのです。当たり前と言えば当たり前かもしれません。

とは言うものの、観察をしてみると共通していることもありました。それは、幼稚園の生徒でも、小学校高学年生や中学生でも、集中して学習に取り組む姿勢を、先生（伯楽）なりのやり方で生徒の年齢に応じて、短期間に身につけさせることでした。

集中して学習をすることを体感させる

生徒が自宅で学習をすると、はじめのうちは教科書を開けて書いてある内容に目を向けていますが、5〜6分も経てば集中力が途切れてきます。心は教科書から離れていきます。友だちと一緒に遊んだゲームのことなど、勉強と関係のないことが次々に頭の中に浮かんできます。机に座っているだけで、これでは学習をしていることには程遠い状態です。

伯楽のような先生は、子どもに勉強するとはどんなことなのか、年齢なりに体感をさせ、集中して学習に取り組む姿勢を入塾早々に身につけさせていきます。指導が下手な先生ほど、取り組む姿勢をつけるのに期間がかかります。

では、どのようにして、取り組む姿勢をつけていくのでしょうか。

学校の先生も塾の先生も生徒に向かって「集中して学習をしなさい」と言われます。しかし、状態を言葉で表して子どもに理解をさせるのはとても難しく、この言葉を聞くたびに、言われた生徒は意味を本当にわかるのかという疑問が生じます。集中したことがない生徒にとっては、『集中する』とは具体的にどんなことなのか、言葉を聞いてもさっぱりわかりません。経験したことがないことを頭の中で想像するよりも体感した方が、生徒には『集中する』ことがどんなことなのかがよくわかります。

小学校高学年の生徒に『集中する』ことを体感させるのに、伯楽の先生は次のようなことをしていました。

やればほとんどすべて正解になる簡単な計算問題を2000題ほど出して、何分でできるか挑戦させました。生徒は、簡単にできるので脇目も振らずに、一生懸命にひたすら、問題を解き続けます。額には、うっすらと汗がにじんできます。問題を解き終える頃になると、手のひらにも汗がにじんでいます。

そんな生徒に「今まで、(学習で)手に汗がにじんだことがあるか」と尋ねます。ほとんどの生徒は「ない」とすぐに返答します。集中している状態とは、手に汗がにじむほど、問題を一生懸命に解いているような状態だと生徒に説明をします。すると、生徒は『集中する』とはどんなことなのかを理解します。

具体的に『集中する』とはどんなことかを生徒がわかれば、次に何のために、こんな学年よりも下の、簡単な箇所の問題を解くのかということを生徒に説明することで、理解をしてくれます。「何のために」を生徒が理解できると、集中力をつけるために、先生の目の前でしたのと同じような問題を宿題に出しても、簡単な問題だからといって宿題をバカにして真剣にしなかったり、嫌がったりすることはありません。出された宿題の意味がわかれば、生徒は気持ちを込めて宿題をします。そうなると意図した効果はすぐに上がり、学力をつけるためにまず固めなければならない土台である『集中して学習する姿勢』を、生徒は短期間で身につけます。

粘り強く考える力をつけて、忍耐力や持続力を養成する

むろん、一気にできるやさしい問題ばかりを解いていても、学力は伸びません。次のステップに進んでいくために、今まで解いた問題と少し違った問題や難しい問題を解くよう

にしなければなりません。その時の先生の生徒への対応が、ポイントになります。ある意味、生徒との駆け引きとも言えるでしょう。

生徒は、少し難しくなりわからなくなると教えてもらった方が楽なので、すぐに先生に教えてもらおうとします。しかし、生徒の要望に応えてすぐさま教えるような先生はよい先生ではありません。とことん生徒に考えさせて、それでもわからなかったら丁寧に教えて、理解をさせ、学習への達成感をもたさなければなりません。

短期的によいと思っておこなったことが、長い目で見ればとても残酷な結果につながることがあります。わからなかったら、あまり考えずにすぐに教えてもらうことを繰り返していると、負担は少なく、効率のよい学習ができていると生徒は感じるかもしれませんが、物事を自分でじっくり考える大切な習慣がつかなくなります。

教え方や、すぐに教えることが、長期にわたってどんな影響を及ぼすのかということを、教える側はよく考える必要があります。

いくら教える側が上手に教えても、生徒自らが考えなければ決して学力は伸びません。生徒がわからなくなった時には、できるだけ考えさせるようにしなければなりません。

わからなければ、すぐに教えなければならないと思っている保護者の方は、多いと思います。ところが生徒を伸ばす先生は、生徒の学習状態をよく観ていて、なかなか教えません。勉強嫌いになる、ぎりぎりの段階まで生徒に考えさせます。これ以上考えさせると学習が嫌になってしまう寸前で、生徒のわからない箇所を教えます。生徒が切れる寸前までやらせるのです。そうすることにより、生徒は自分で考えるという大切な姿勢を身につけていきます。

状況を把握して、タイムリーな働きかけをする

生徒は一人ひとり、学力や性格が違います。だから生徒によって、これ以上考えさせるのは無理だというぎりぎりの段階は、当然違ってきます。どこまで生徒に考えさせるのかの匙加減が、生徒を伸ばす先生は絶妙です。生徒をよく観ていないと、できない技です。このようにして生徒が考える力をつけていくと、忍耐力や持続力も育ってきます。

また、わからない箇所を指導する際には、伯楽の先生は必要最小限の言葉で生徒に教えます。なぜ、必要最小限なのかというと、言葉は広がります。先生と生徒の間には当然学力差が存在します。言葉で伝えると、学力差のある先生と生徒の間においては、先生の

思っている考えやイメージと受け取る側の生徒のそれとは、どうしても差が出てきます。その差をできるだけ少なくするには、少ない言葉で伝えた方がずれは少なくなるからです。

長い説明は、教える側は教えたという満足感に浸ることができるかもしれませんが、生徒にとってはそんなに価値のあるものではありません。わからない説明をダラダラ聞かされるのは、大きな迷惑になります。

伯楽の先生は、生徒をよく観ているので、生徒の変化を見逃しません。できなかった箇所ができるようになったと生徒が思っている時に、タイムリーに生徒に声をかけ、心に届く褒め言葉を伝えます。褒められた生徒にすれば「先生は、ぼくのことをよく見てくれている」と心の中で思います。それは、先生への信頼につながり、学習への大きな励みになります。

家でおこなう宿題は、どの生徒にも一律に渡さずに毎回、意欲的に取り組める分量を個々の生徒の意欲と学力に合わせて渡します。

このような名伯楽のような先生に出会えれば、学ぶ側はとても幸せです。親の労力、経済的負担は少なくなり、子どもは成績が向上し、何事にも前向きに取り組み、未来に対して大きな夢をもって生きるようになります。「鳶が鷹を生む」ようなことにつながります。

教育は、同じ内容を教えて、同じ問題集を使っても、生徒を指導する先生によって結果は異なります。

目標は生徒を大きく変え、高い効果を約束する

大きく伸びるための次のステップは、自分で立てた目標を意識して学習ができるかどうかです。往々にして、立てた目標は、親や先生が言ったことになっている場合が多くあります。このような目標であっても、ない場合と比較すれば学力の伸びは勝っています。

普通の生徒でも、中学生ぐらいになって将来に就きたい職業や、やりたいことが見つかれば、そのことを実現するために、生徒は俄然頑張り出します。内発的な動機で目標をもって学習すると、あの生徒がここまで変わるのかということが起こります。心の底から湧いてきた動機と目標があれば、生徒の意識は一変して、日々の取り組む姿勢は激変します。当然のことながら、学力は一気に伸びていきます。

目標が生徒に及ぼす影響を体感するために、毎年、4月最初の目標設定会（どこまで、自習用の教材を学習するのかということを自己申告する会）に、生徒が学ぶ教室へ足を運

んでいました。そして、12月末や、年度末におこなわれる表彰式に顔を出していました。目標設定会で、自己申告した生徒の目標を見ていると、中には高い目標を立てて、どう考えてみてもそこまでいかないと感じる生徒がいました。生徒が自分で立てた目標なので「(そんな高い目標で)大丈夫?」とだけ声をかけ、目標を修正するようなことは何もしませんでした。生徒も立てた目標を下げたいとは、だれ一人として言いませんでした。

8ヶ月後の12月末や、11ヶ月後の年度末におこなわれる生徒の頑張りを称える表彰式では、高い目標を立てた生徒は、ほとんどと言ってよいほど目標をクリアしていました。目標設定会の目標は、内発的な動機から生まれる目標とは少し異なり、教える側から学習目標を設定するように生徒に働きかけたものですが、どの生徒にも大きな効果がありました。

教室で、指導している先生に「目標をもてば生徒はこんなに伸びるのですか。生徒の伸びにびっくりしました」と言うと、先生は、

「目標を意識し出すと、こちらが想像していた以上に生徒は変わります。ここまで、目標が生徒に大きな影響を及ぼすとは思いもしませんでした。それで、毎年、目標設定会をするようになりました」

と言われました。

第6章

学校教育の変化に振り回されずにわが子を守る

学校で学ぶ教育内容は変化する

大学を出て全く知らない教育の世界に身を投じた時、学校で学ぶ教育の内容はあまり変化しないものだと思い込んでいました。

しかし、それは誤っていました。無知というほかありません。その当時の教育は、ソビエトが有人宇宙飛行を初めておこない、アメリカを中心とした西側諸国は遅れを取ってはいけないということで科学教育に力を入れ、小中学校では、その影響を受けてかなり高度な教育がおこなわれていました。

一例をあげるなら、昭和46年度から54年度の小学校の算数の教科書には、「集合」が出ていました。集合には論理的な概念が必要で、多くの生徒は理解できないままとなりました。小学校のカリキュラムは濃密で、授業のスピードは速く「新幹線授業」とこの当時の教育は言われていました。また、高校では7割、中学校では5割、小学校では3割が落ちこぼれていくことを指して、学校教育を「七五三教育」と呼んでいたのを覚えています。

入社後、しばらく経って指導要領が変わると学校教育は、大きく変化していきました。昭和55年から使用された小学校の教科書は、今までの詰め込み教育を振り返り、それまで指導要領の改訂のたびに増加傾向にあった学習量を減らすようになりました。日本の教育史において、大きな出来事です。

昭和54年度、55年度における小学校での総授業時間は、5821コマから5785コマ(36コマ減)、また、それぞれ国・算・理・社の合計授業時間数は3941コマから3659コマ(282コマ減)へ減少しました。同様に中学校3年間の総授業時間数を昭和55年度、56年度について見てみますと3535コマから3150コマと385コマ減少しています。生徒の学ぶ内容は精選され、授業時間が削減されました。文部科学省はゆとりの教育へ舵を切っていきました。

カタログのような薄い教科書

この間、1回の指導要領の改訂を挟み、小中学校では平成10年に公示された指導要領の内容を反映した平成14年度から使用された教科書は、カタログのように薄い教科書と揶揄されるものになりました。ゆとりの教育の総仕上げの教科書です。

小学校での授業時間数は5367コマ、国・算・理・社・生活の合計時間数は3148コマ、中学校では2940コマになりました。学ぶ内容が少なく、そしてやさしくなり、授業時間が減りました。

具体的な内容を取り上げますと、4桁以上の足し算、引き算は3年生で出ていました。それが、整数の足し算や引き算は3桁どうしまでになりました。整数のかけ算は2桁×2桁、3桁×1桁までになり、小数の計算は小数点以下、1桁の計算しか扱わなくなり、教科書には円周率が3・14と出ていますが、教科書に載っている以外の計算をする場合には桁数の多いものは、電卓を活用するようになっていました。

中学校や高校の数学ができるようになるには、分数の加減乗除の力は必要不可欠です。ところが、それまで小学校4年生で出てきた帯分数、仮分数の足し算、引き算は小学校ではしなくなりました。

大手の塾に身を置いていた私は、この内容を知った時、冗談だろう、こんなことはおこなわれるはずがないと高を括っていました。しかしながら、あれよあれよという間に、教科書は生徒に配布され、カタログのような教科書を使って授業が始まりました。

基礎基本ができれば発展問題はできる？

ゆとりの教育が始まる前に、趣旨を説明する講演会などが全国でおこなわれました。私は文部科学省の関係者、役人、大臣がどんな話をするのかと思ってスケジュールの空いている日はできる限り聞きに行きました。

当時を振り返ると、我ながら「熱心だったなぁ」と思うことがあります。何か熱病にかかったような状態になっているようでした。本当のことを言えば、学校教育の変化に大きな憤りを感じて、自分の微力では何もできない歯がゆさに、居ても立ってもいられないようになっていたのです。わざわざ新幹線に乗って、行った時もありました。会社からは交通費などの費用は、もちろん何も出ません。

このような講演会に出席して、文部科学省のやろうとしていたことが確認できました。それは、ゆとりの教育は最低限のことしか教えないということでした。最低限のこととは、基礎基本のことです。

しかし、基礎基本ができれば、新しい教科書で削除した発展した内容ができるようになるのかという疑問がすぐに湧いてきました。たとえば、小学校4年生の教科書から消えた帯分数、仮分数の足し算、引き算です。真分数の足し算、引き算ができるようになっても、帯分数と仮分数のそれは、大人は簡単に思いますが子どもにとって習得は難しく、繰り返し練習をしなければできるようになりません。当たり前のことですが、帯分数や仮分数の計算は教科書に掲載されていても正確にできるようになるのに、練習問題を繰り返ししなければなりません。教科書からなくしてしまえば、家や塾で教えてもらっている子ならできるようになりますが、そうでない子どもはどうなるのでしょうか。まずもってほとんどの生徒はできないままとなります。

基礎基本ができれば、それから発展した内容はできると講演会では言い切っていました。つまり、真分数の計算が習熟できれば、帯分数や仮分数の計算はできると言い切っているのです。

☆分数の足し算

（真分数）

$$\frac{1}{6}+\frac{3}{4}=\frac{2}{12}+\frac{9}{12}=\frac{11}{12}$$

$$\frac{5}{6}+\frac{3}{4}=\frac{10}{12}+\frac{9}{12}=\frac{19}{12}=1\frac{7}{12}$$

（帯分数）

$$3\frac{1}{4}+1\frac{1}{6}=3\frac{3}{12}+1\frac{2}{12}=4\frac{5}{12}$$

$$3\frac{3}{4}+1\frac{5}{6}=3\frac{9}{12}+1\frac{10}{12}=4\frac{19}{12}=5\frac{7}{12}$$

☆分数の引き算

（真分数）

$$\frac{5}{6}-\frac{3}{4}=\frac{10}{12}-\frac{9}{12}=\frac{1}{12}$$

（帯分数）

$$3\frac{3}{4}-1\frac{5}{6}=3\frac{9}{12}-1\frac{10}{12}=2\frac{21}{12}-1\frac{10}{12}=1\frac{11}{12}$$

子どもが知識を習得して、学力を定着させていく過程を知っているのかどうか、疑問が湧いてきました。バカも休み休みに言えと、怒りに近いものが講演会に出席するたびに、腹の底から湧いてきました。子どもの学習を現場で見ているものからすれば、常軌を逸しているようなことを恥じることなく、権威をもって、堂々と語っていました。

子どもが学習している現場での子どもを見ていない人たちや、子どもが物事を習得していく過程を知らない人たちが、机上でゆとりの教育のカリキュラムをつくり上げたとしか言いようがありません。だれもこのことに反対しなかったのだろうかという、素朴な疑問も出てきました。机上の空論を押し付けられる生徒や現場の先生は被害者で、とても気の毒に感じました。

庶民感覚がなかった文部科学大臣

確か名古屋の会場だったと思います、そこで、当時の文部科学大臣は「今は私が育った時代と違い、母親は大学卒業や短大卒業の人が多く学歴が高いので学力があります。昔と違って、（学力があるので）家庭で教えることができます」ということを、話しました。

いちいち言葉尻をとらえてはいけないのですが、この発言には、怒りを通り越して、呆れ果ててしまうというか、情けなくなりました。庶民の生活を知らない、こんな人が大臣になっているのだと、つくづく思いました。また、恵まれた家庭で育った方なのだとも思いました。

学歴が高くなって、子どもに教えられる能力のある母親が増えたのは事実です。しかし、家計のことを考えれば、働きに出ることを余儀なくされます。多くの母親は忙しいのです。その母親にゆとりの教育は、学校の教師の役割をまるで押し付けるようにしているような発言です。

ゆとりの教育は、教育現場で子どもを見ていないうえに、世間を知らない人たちが集まって作成したものだと、公の機関が主催する講演会に行くたびに強く感じるようになりました。

教師は新しいカリキュラムの対応に苦慮していた

学校の先生と少し時間を取って話す機会があると、私は、ゆとりの教育についてどのように思っているのかをよく聞きました。田舎のある中学校の先生は「英語の授業時間数が減るので、どのように生徒指導していけばよいのか困ってしまう」と、率直に言われました。

その中学校は1クラス30人を超えたぐらいでした。中学校1年生の秋頃になっても、アルファベットの大文字、小文字がすべて書けない生徒がクラスには5～6人いるような状態でした。足りない授業時間が（ゆとりの教育で）さらに少なくなると、英語を教える教師としてどのようにすればよいのか困り果ててしまうと、悩んでおられました。

「少し経つと方針が変わりますから。毎度のことで慣れています。変わるまで待っていますす」と、半ば自嘲気味に言われたことを思い出します。

また、薄くなった新しい教科書になって2年目にお会いした小学校の先生は、

「おととしまでは、教科書に書かれてある最低限の内容を生徒に習得させることにしていました」

「昨年からは、教える内容の最低基準が教科書に書かれてあるという解釈に変わりました」

と話されました。つまり、おとしまでは、教科書に書かれてある内容を超えて教えなくてもよかったのです。しかし昨年からは最低限の基準なら、発展した内容は教えることになります。

どんな基準で教科書に掲載されていない内容を教えるのかと思いながら、教科書の解釈が大きく変わったことに驚きました。

ゆとりの教育の目的は完全学校5日制

公立小中学校において、土曜日の休日は平成4年9月から月1回、平成7年4月からは月2回になりました。子どものゆとりを確保する中で、学校・家庭・地域社会が相互に連携して、子どもたちに生活体験、社会体験や自然体験など様々な活動を経験させ、自ら学び自ら考える力や豊かな人間性などの「生きる力」を育むことが提案されました。

そして、完全学校週5日制の実施が中央教育審議会の答申で提言されました。提言を受け、平成14年度から完全学校週5日制が実施されました。

ゆとりの教育は「生きる力」を育むためにおこなうことを、文部科学省は体裁よく語っていますが、本来の目的は、教師も他の労働者と同様に週休2日にして、完全学校5日制を実現するためにおこなわれたという気がしてなりません。

「生きる力」をつけることは、とてもすばらしいことです。ただ、それは、多くの体験や活動と基礎学力も土台にして得られるものです。基礎学力がなければ「生きる力」の中でうたわれている、「自ら学び、自ら考える力を得る」ことは到底不可能です。

提言の論理に矛盾があると思っていましたが、正面切って文部科学省に厳しく指摘をするようなオピニオンリーダーはだれもいませんでした。

ゆとりの教育で生徒の学力は低下した

ゆとりの教育が始まれば、生徒の学力は著しく低くなることを確信しました。それと、次にできる新しい教科書は、ゆとりの教育で使われている今の教科書と比べて間違いなく分厚くなり、習う内容は増えるだろうと思いました。

一番気の毒なのは、教育行政によって翻弄される生徒です。ゆとりの教育の総仕上げの教科書を使った世代は、学力の低い一群として認識されるのは必至です。このことに対してだれが責任を取るのでしょうか。無責任極まりないのですが、だれも責任を取らないでしょう。なぜなら、指導要領の改訂をおこない、新しい教科書を作成する際に、何を成果として、どのように効果測定をおこない、評価をするのかということを明確に決めていないからです。仮に決めていたとしても、国民や子どもをもっている親には伝わってきません。目指すビジョン、評価をセットにして、結果をわかりやすく国民に公表することが、日本の学校教育をよりよいものにしていくことにつながります。

ゆとりの教育の成果を測る尺度として、平成12年以後、3年ごとに実施されている国際学習到達度調査（PISA）を見ると次のようになりました。

日本の高校生たちの数学と科学部門の応用力、読解力など3部門の国際順位は、平成15年に引き続いて平成18年度の調査も下がりました。「ゆとり」教育の失敗を表していると当時のマスコミは騒ぎ立てました。科学的応用力分野は平成18年6位を記録、3年前と比較して4ランク下がりました。数学的応用力は、平成12年1位から平成15年6位になり、平成18年の調査は10位に転落をしました。また、学習をする際に土台となる読解力は、8

位、14位となり、平成18年の調査ではさらに下がって15位を記録しました。

ゆとりの教育で授業時間は少なくなり、生徒は自由に使える時間が多くなりました。その時間で、課題を見つけて取り組んだり、本を読んだりするようなことは、平成18年に実施されたPISAの結果から推察する限り、効果はあまりなかったようです。

学校教育の変化に振り回されない

このような状況もあってゆとりの教育から、予期していた通りに、脱ゆとりの教育に変わっていきました。習う内容は、難しくなり、量は多くなりました。

たとえば、平成23年度から使用された小学校の教科書は、ゆとりの教育で使用されていた教科書と比較しますと、算数は32パーセント、理科は34パーセント、ページ数が増えました。平成24年度から使用された中学校の教科書では、数学は34パーセント、理科は45パーセントと大幅に増加しました。当然、授業時間も増えました。

今まで述べましたように、時代を反映して学校教育は大きく変化します。学校教育にいささかの疑いの目をもたずに、わが子の教育を委ねて、されるがままになるのは考えもののです。なぜなら、教育内容を考える側は結果がどうであろうと、責任は何も取らないからです。

保護者が多くの情報を集め、信頼できる教育関係に従事する人のアドバイスを聞くことは、とても重要になります。そして、わが子の将来像を明確にして、そのために何が必要なのか、何に力を入れていくのかを決めて、教育を実りあるものにしてください。

たとえば、カタログのような薄い教科書になった時、中学校や高校の数学ができるようになるには、分数の加減乗除の力は必要不可欠なのに、小学校4年生で出てきた帯分数、仮分数の足し算、引き算は小学校ではしなくなりました。学校の通りしていれば安心と思っておられるかもしれませんが、信頼できる教育のアドバイザーに聞けば、教科書に載っていなくても、大切な事柄は学習をすることをすすめます。帯分数と仮分数の足し算、引き算の必要性を聞くことができれば、家庭でそれらの練習問題がなされて、中学校、高校で数学の学習になくてはならない計算力を磨くことができます。

また、2021年度入試から大学入試は名称が変更され、AO入試は「総合型選抜」、推薦入試は「学校推薦型選抜」と呼ばれるようになり、いずれも小論文とプレゼンテーションが課せられます。小論文やプレゼンテーションでは、自分の考えや思っていることを、相手にわかりやすく伝えることが必要になります。それには、論理的に書き、話す力、つまり、論理的な表現力が求められます。そのような力を、2022年から学習指導要領が改訂され、高校で新たに出てくる論理国語で学ぶことになります。

少子高齢化が一段と進む日本では、外国人と仕事などでコミュニケーションを取る機会が増えさえすれ、減ることはありません。文化や考え方が異なる外国人に、自分の考えていることを相手にしっかりと伝えるには、日本語や英語で論理的に表現しなければなりません。そんな時に、論理国語で培った力が、大きくものを言います。

信頼できる人から教育についての様々な情報やアドバイスを得て、このようなことを知っていれば、わが子に伝えることができます。何のために学習をして、学習したことがどこで使われ、活きてくるのかを知れば、生徒はやる気を出します。

不易流行という言葉があります。ずっと変わらない本質を大切にして、時代とともに変化することを取り入れるという意味です。教育も同じことが言えるのではないかと思います。目の前に起こっている大きな変化を前にして、不易と流行を見極め、大切なものは捨て去るのではなく、今まで通りにやり続けることが大切です。

たとえば、計算力をつけることは不易です。計算は算数・数学の土台です。しかしながら、計算を軽んじる人は多くいます。前述したように平成14年度から使用された小学校の教科書では、それまで4桁以上の足し算、引き算は3年生で出ていましたが、3桁どうしまでで終わっていました。教科書に載っている通りに学習をおこなって、他の問題集などをしないで放っておくと、大切な算数・数学の土台である計算力が落ちるのは火を見るよりも明らかです。

ゆとりの教育の時代は、家庭で多くのことを補足する必要が多分にありました。

第７章

昨今の風潮から教育を考える

■乳幼児期を無駄に過ごさない

日本は、ウラン、金、プラチナなど、これといった鉱物資源のない国です。しかし、日本は世界の国々と比べてとても豊かです。なぜなら人的資源の開発に力を入れてきたからです。

今の子どもたちが大人になった時、さらに少子高齢化が進み、日本で働く外国人の数は増加して、人工知能が職場に入ってきます。世界の発展に寄与して、豊かさを享受していくためには、教育の果たす役割はますます増大していきます。

教育について、様々な視点から色々な意見がありますが、鉄は熱いうちに打てと言われるように、教育は乳幼児期からおこなうことがとても大切です。

働く母親が増えて、幼児教育についての議論が国会でなされ、幼児教育無償化などの文言が新聞のタイトルに書いてあります。しかし、よく読めば、タイトルの内容と記事の内容が合致していないことがわかります。

内容に即したように表現すると、幼児保育無償化がぴったりです。母親に代わって子どもの面倒を見る場所の確保と費用のことを、国会で議論をしているにすぎません。保育の中身や教育についての内容は、国会で議論をしたかどうかはわかりませんが、何も書かれていません。書かれていないということは、たとえ発言がなされていたとしても、たいしたことは何も言っていないのです。

仕事をもつ母親にとって、子どもを預かってほしいというのは切実な問題です。与党も野党も選挙の票につながることは敏感になって取り上げますが、そうでないものには大切な問題であっても、党勢を拡大することにつながらないと判断すると呆れるほど無関心です。

働く母親が増えることは、少子高齢化が進む日本では労働人口を確保するために避けて通れない必然の流れです。女性が働くことの啓蒙は行き渡り、ひと昔前とは異なり幼児期の子どもがいても、母親は働くことへの違和感がなくなりました。空気が変わったとつくづく実感しています。人知れず大衆をとても上手に啓蒙しました。

ですが、啓蒙だけでは片手落ちで、安心して女性が子どもを預けて働くことができるように、子どもの個性を尊重して能力を最大限に伸ばす教育の仕組みをつくらなければなりません。このことは喫緊の課題です。この課題の解決なしに、将来の日本の繁栄はありません。

たかが幼児期の教育なのに、何を大げさに言っているのかと読者は思われるかもしれませんが、有能な人材の輩出を左右する教育は国家の土台にかかわる大切なことだからです。

私の孫を見ていますと、自宅の近所にある保育園には8時30分頃に登園して、家には午後の5時頃に帰ってきます。8時間30分ほど、保育園で過ごしています。

乳幼児期から小学校へ入学するまでの間、8時間30分の過ごし方の積み重ねは、とても大きなものです。この時期を、子どもの能力開発にいかに役立てるかということについて、もっと大人は真剣に考えてほしいのです。子どもをもつ親は、保育園でどんなことが子どもたちにおこなわれているのか、もっと関心をもってほしいのです。子どもを預けられることすらままならないのに、預かってもらってからのことを考えるのは、現実離れしていると思われるかもしれません。

園側の立場に立てば、子どもの安全や健康に配慮して子どもを預かるだけでも、多くの人員と労力がかかります。経営者である園長先生が、知育や能力開発に関心があっても、人員の確保や経費面から考えて二の足を踏まざるを得ないこともあるでしょう。

土曜日や祝日など保育園の休みの日がありますが、3歳から年長まで保育園に通えば多くの時間を過ごすことになり、子どもの能力開発や知育にとって大きな影響を与えるのは紛れもない事実です。この時期を有効に使えば、学ぶ土台がしっかりとできて、子どもが中学生や高校生になった時に、塾の費用など教育にかける費用を抑えることができます。

保育から一歩先に進んで、子どもの才能を伸ばすための保育園の役割にもっと強い関心をもってほしいと、乳幼児をもつ親たちに声を大にして言いたいのです。この時期を無駄に過ごせば、わが子の才能の芽を摘んでしまうことにつながりかねません。そしてそれは、日本の有能な頭脳の輩出を妨げることになり、豊かさが失われて国家が衰退していく要因にもなります。

乳幼児教育に賛否両論がある

乳幼児期からの教育は大きな効果がありますが、やる気もない子どもに、詰め込んで教えて何の効果があるのか、効果より弊害が大きいのではないかと反対する声は根強くあります。

このような意見は、教育という言葉のもつイメージに起因しているのではないでしょうか。

教育という言葉から多くの人は、どうしても、学校での授業のように、先生が生徒を教えるような場面を想像してしまいます。このような形で乳幼児に教えることは、土台無理な話です。

では、乳幼児教育とはどんなことをするのでしょうか。

この時期の特性を上手に役立てるために、童謡などを歌ってみたり、絵本の読み聞かせをおこなったり、色々なカードを見せたりして、親も楽しみながら働きかけをすることです。子どもの能力をつけるために、乳幼児教育と称して無理強いをするのはもってのほかです。百害あって一利なしです。

乳幼児という大切な時期を何もしないで無駄に過ごしてしまうのと、そうでないのとでは、大きな差になることを、多くの生徒を見て痛切に感じています。

乳幼児期にわが子の教育についてあまり考えずに、何もしていなかったことが一番よくわかるのは、4~5月頃の小学校1年生です。ひらがなを読んだり書いたりするのに時間がかかると、それだけで子どもにとっては学習に対しての負担が重くなります。

仕事柄、優秀児(自分の学年より3学年先以上の問題が自力でできる生徒)に接する機会がたびたびありました。なぜ、彼らはそんなことができるようになったのか、その要因を知りたくなりました。

動機として一番大きかったのは、不純かもしれませんが、わが子も同じように優秀児にしたかったからです。多くの優秀児から共通項を見つけだして、わが子の教育に取り入れれば、優秀な子どもになって、将来の教育にかけるお金が少なくなると考えたのでした。そして、わが子で上手くいったことを塾で直接生徒指導する先生に伝えて、もっと多くの優秀児を育成して、日本の発展のために貢献したいという思いが心の底にありました。

このようなことを話すと、「みんながみんな子どもは優秀児になれるわけではない。あなたのしていることは、子どもを型にはめようとしている」と、きつく非難をされたことがありました。人にはあらためて色々な考え方があるのだと知り、びっくりしたことを覚えています。

子どもの能力は大人の働きかけによって伸びていきます。何もしないのとでは、大違いです。無理強いをしないで楽しくやれば、弊害は何もありません。その子なりに、それぞれの能力が、個性とともに伸びていきます。

乳幼児期からの上手な働きかけは、能力を伸ばして子育てを楽にする

大都市のサラリーマンのベッドタウンには、少数ですが乳幼児期から積極的に、わが子への教育をおこなう保護者がいます。それとは対照的に、子どものやる気が出てくるまで待つという保護者もいます。どちらがよいかは、保護者の価値観に左右されると思います。ただ、多くの子どもを見てきた私からすれば、乳幼児期の子どもへの上手な働きかけは、飛躍的に能力を伸ばす効果があるので、前者をすすめます。

乳幼児期の子どもたちは、何の能力もないと思われるかもしれませんが、大人よりも格段に優れているところがあります。それは、物事をまるごと覚えていく力です。大人が

言っている言葉を聞いて、この時期に母国語の日本語を身につけていきます。カードのフラッシュや、絵本の読み聞かせを上手にすれば、おこなったことが頭の中へ、海綿が水を吸収するかのように入っていきます。

乳幼児期に働きかけや知育をされた年少や年中の子どもと、されていない子どもとでは、聞き分けが違うと思ったことがたびたびありました。何もしていない子どもで極端な場合は、大人の言ったことを聞かないで、一時もじっとすることができずに動き回ります。座ったかと思うと急にかけだし、まるで子ザルのようで、目を離せません。

一方、知育された子どもは、年齢が低くても語彙数が多く、大人の言っている言葉が理解できるので、何もしていない子どもとかなりの差がありました。乳幼児期からの知育は、学力以外の生活面にも影響を及ぼし、子育てを楽にする一面をもっています。

乳幼児教育をすると脳の性能がよくなる

私は、塾業界に入るまで、自分の学年を越えて5〜6年以上先の内容が学習できる生徒がいるなど、想像することは全くできませんでした。しかし、業界に入って私が見た小学校3年生は、高校2年生や3年生の内容を学習していました。

そのような優秀な生徒を見て様々なことを感じましたが、一番強く印象に残っていることは、理解力もさることながら記憶力のすばらしさです。理解をすることが難しく、ほとんどの生徒は2~3回は繰り返して学習をしなければ学力が定着しない箇所を、なぜかわかりませんが1度学習するだけで理解をして、頭の中に記憶として残すことができました。

一緒に仕事をした友人に、日本なら国家公務員総合職に準じる中国の公務員試験に合格した中国の人がいました。言葉は、自国語以外に英語、日本語を流暢に操っていました。

彼と上海でじっくりと話す機会があった時に、自分と彼とはどこが違うのかを観察しました。母国語でない日本語を用いての論旨の展開、語彙の豊富さに脱帽しました。そして、自分と一番違うと痛感したのは記憶力でした。学習した箇所を理解して記憶する能力が、私のような凡人と全く異なっています。彼は、私と初めて会った時のことや、忘れてしまった2~3年前の出来事を事細かに覚えていました。私からすれば、憎たらしいぐらいに忘れないで、覚えているのです。

早期教育の目的はと尋ねられれば、私は躊躇なく性能のよい脳をつくることだと答えます。脳の性能がよければ、負担なく、多くの時間を費やすことなく学習ができ、大きな成果を得ることができます。

上海で語り合った友人は、先に述べたように自国語以外に2ヶ国語を話します。その2つの言語の習得に彼がかけた時間と、英語を話すことができない私の英語に費やした時間は、私の方が多くの時間をかけていると感じたことが幾度となくありました。

年齢に適した学習をおこなう

早期教育とは少し意味的に違うのですが、年齢が低い時にした方が楽に習得できるものと、大きくなってから学習してもあまり変わらないものとに分けて、優先順位を考えた取り組みは大切です。しかしながらこのようなことはあまり考えないで、教育はおこなわれています。

絶対音感をつけるなら、いつつければよいのか適切な年齢があります。また、英語なら、ネイティブスピーカー並みに美しい発音ができる力をつけようと思えば、乳幼児期から小学校低学年ぐらいまでの間に学習を始めれば、無理なくだれにでもできるようになります。

学校の課外活動で、小学生に英語を教えていた時、最初は機器から流れてくる英語の音をしっかりと拾うことができないので、とても心配した小学校1年生の生徒がいました。1年経ち2年生になると、まるで別人のように英語の音を聞き取って、きれいな発音をする生徒に変わっていました。

懇意にしていた、英語教育ですばらしい成果を上げている私立高校の入試部長は「大学入試におけるリスニング問題は、聞き取る力が劣る生徒のうち、小学校中学年ぐらいまでに英語の音に親しんでいない生徒は、高校生になってから一生懸命に学習をしても、かけた時間に対して期待するような効果は出ない」と言い切っておられました。大学入試が迫ってくれば、効果が出やすいものに学習の軸足を移していくことは定石です。「(聞き取る能力ができていない生徒は) リスニング問題に時間をかけるよりも、英文の読解力に磨きをかけます」と言われ、大学入試の英語の点数を上げようとされていました。

素質よりも環境が大切

忙しさにかまけて、目先のことしか気が回らなくなり、子どもの将来へ思いを巡らさないで、乳幼児期に子どもと接する時間を短くしたり、何も考えずに接するのはおすすめで

きません。高い能力を身につけるには素質か環境かと問われれば、素質は多少影響がある
かもしれませんが、それよりも、はるかに後天的な環境の要素が大きいと断言します。

とびきりよくできる生徒を見てきました。私が生まれた時代がわかるような表現ですが、その生徒たちは牛乳瓶の底のような厚い眼鏡をかけて、勉強に多くの時間をかけるような、がり勉タイプの生徒ではありませんでした。同じ時間をかけて勉強しても周りの生徒とは脳の性能が違うので、学習効果が普通児と著しく違っていたのです。

とびきりよくできるということは、生徒本人の努力はもちろんありますが、努力だけで決して飛びぬけてできるようにはなりません。ずばり言えば、脳の性能に起因しているのではないでしょうか。

出会った生徒の中に、小学校4年生で高校の数学、英語、国語の問題をすらすらと解くことができる生徒がいました。その生徒の噂は聞いていましたが、実際に会うまでは、だれかが誇張して言いふらしているのだろうと思っていました。しかし、人事異動で、その生徒を見る幸運が訪れました。目の当たりにして、その頭のよさを思い知らされました。

塾で使用している高校3年生相当の問題をすべて解き終わったので、実際に実力がついているかを確認するテストをおこなう日に立ち会いました。テストを受けたのは、確か4

年生の秋頃だったと記憶しています。

生徒は、テストを受けるために、学校帰りに事務所にやってきました。入ってきてからの様子を見ていますと、町で見かけるごく普通の小学校4年生と同じで、別段これといって変わったところはありません。事務所にやってきてから、テストの始まる時刻になるまで少し時間があったので、事務所の中を珍しそうに歩いて見て回っていました。関心のあるものがあると「これ、何ですか」と女性社員に質問をしていました。どこにでもいるような小学校4年生です。

しかし、テストの時間になり椅子に座って問題を解き始めるやいなや、集中力は一気に上がって脇目も振らずに問題を解きました。制限時間の半分程度で解いて、見直しを5分ほどおこない、自信があったのかどうかはわかりませんが、テストを提出して帰宅しました。

テスト用紙は本部に送られて、後日結果が届きました。もちろん、満点に近い点数でした。4年生の生徒でも、高校3年生の内容を解けることに正直驚きました。

梅花は莟《つぼ》めるに香あり

『梅花は莟《つぼ》めるに香あり』という言葉があります。梅の花は、つぼみのうちから他の花とは異なりよい香りがすることから、大成する人は幼少の時から優れているというたとえです。幼児期から異彩を放っていた前述した小学校4年生は、受験勉強はほとんどおこなわなかったそうです。高校3年生の10月頃から始めて、志望した東京大学へ入学をしました。

その生徒の数学担当で、他の多くの高校で受験指導をされてきた先生は「東大を受験するなら勉強一筋、色気なしでまさに灰色の高校時代を過ごすのが、私の常識からしますと普通でした」と言われ、次のように言葉を続けられました。

「受験勉強で高3の10月からエンジンがかかり始めて、東大に合格するなんて、長年の教師生活でそんな生徒に出会ったのは初めての経験です。生徒のすごさに心臓が止まるほどびっくりしました」

と、桁違いの頭脳のよさを語っておられました。

また、その生徒は、授業中によく「先生、質問をしてもよろしいですか」と言ったそうです。最初は、長い教師生活の中で、そんな質問をする生徒は初めてなので、生徒の言っている意味が先生にはさっぱりわからず、ある時「何でもいいから、自由に言ってごらん」と言うと、先生が解いた方法以外に「こんな解法の仕方もありますよね」と、次から次に色々なことを指摘したそうです。『先生、質問してよろしいですか』と言っていたのは、先生に恥をかかせてはいけないという心遣いの気持ちで言っていたのですよ」と笑いながら話されていたことを覚えています。

仕事を通じて出会った特別によくできる生徒は、勉強が足かせにならずに余裕をもって多感な高校時代を、自由に生き生きと充実して過ごしていました。このような生徒の乳幼児期を知るために、アンケートを取ったことがありました。

そのアンケートを見て感じたのは、読み聞かせや数唱など乳幼児期からのわが子への働きかけが、繰り返し愛情をもっておこなわれていたことです。何もしないで放っておいて突然優秀な生徒になったのではなく、環境に恵まれて能力が大きく開花したことを認識しました。教育においては、素質や遺伝の要素よりも、環境がとても大切なのです。

脳の性能をすばらしくすることにこだわろう

わが子は、今は小さくとも、やがて小学校へ通い、中高生になり大学に進学していきます。年齢が上がれば、それに応じて学ぶ内容は難しくなり、量も増加していきます。小学生の間は、学ぶ内容がやさしく量も少ないので学習にあまり困らなくても、高校生になるとほとんどの生徒は、多くの時間を学習にいやがおうでも割くことを余儀なくされます。

しかし、乳幼児期からの働きかけが上手におこなわれていた生徒は、友だちと同じ時間勉強をしても習得の度合いが違います。多くの内容と量を、習う内容が難しくなっても、頭の中へ少ない時間で取り入れることができます。子どもが大きくなって自分の夢や目標に向かって学習に勤しんだ時に、かけた努力に見合う成果が得られやすくなります。

乳幼児期に子どもにおこなうよりよい働きかけと無理のない学習の積み重ねは、脳の性能をすばらしいものにします。車にたとえるなら、何もしなかった子どもは、排気量が1000ccの車、幼児教育を上手にした子どもは4500ccの車になります。競走をすると、どちらがスピードが出て目的地へ早くたどり着くか、言わずともわかります。

乳幼児をもつ保護者を取り巻く環境は決して甘いものではありません。国会も保護者も、子どもを預かってくれる場所の確保と費用だけに注意がいっています。

しかし、今の状況を改善するには至極当然のことですが、さらに一歩踏み込んで、子どもたちの将来の幸せや日本の発展について、必要不可欠な人的資源の開発に大きな影響を及ぼす乳幼児期の過ごし方と教育について、党派を超えて考えてほしいと思っています。今の状況は子どもを預かった後のことまで考えが及んでいません。

教育はフライングをしても失格にはならない

小学校で勉強をするまでは、子どもを自由にさせるという保護者は、今ではさすがに少なくなりました。このような考え方をするのは、小学校1年生の学習内容は、1年生になって学習しなければならないという固定観念があるからかもしれません。それも、1つの考え方だと思います。

陸上競技の100メートル競走なら、フライングをすれば失格です。しかし、教育においては年中や年長の時期に小学校1年生の箇所を学習しても、100メートル競走のように失格にはなりません。教育において、フライングはかまわないのです。

フライングをして先に学習していれば、学校で学ぶ時は復習になり、同じ箇所を2回学習することになります。内容の理解はより深まります。こんなことを言うと「先に教えてもらっている子は、授業の妨害をしてみんなのためにならない」という意見が、必ずといってよいほど出てきます。

知っていることが授業で出てくれば、場をわきまえずに自分が知っていることを見せびらかそうと、余計な発言をする生徒がいることは事実です。このことは、自分の行為がどんな迷惑を他の人に及ぼすのか理解できないために起こります。根本的な原因は、学年よりも先に進んだことではなく、自分がしたことがどんな影響を及ぼすのかということがわからないために起こっているのです。

ただ、学年よりもぐんと先の箇所を学習する生徒は、理解力も増しているのでそんなことは起こりません。たとえて言うなら、『駄犬は吠えるが、名犬は吠えない』ということになるのでしょうか。

■乳幼児教育は工夫、工夫の連続

私は長年にわたって優秀児や超優秀児の保護者の方と接して、乳幼児期から子どもの興味を持続させる働きかけの積み重ねが、子どもの能力を大きく開花させたことを知りました。しかしながら、子どもの興味を持続させることは、実際やってみると至難の業です。秘訣みたいなものがあるのかを探るために、機会があれば質問を投げかけました。

その答えから感じたことは、どの保護者も工夫、工夫の連続であったということでした。積み上げられた工夫の上に、優秀児が立っていたのです。

子どもは、どの子も同じようには振る舞いません。兄弟であっても性格や、能力は異なります。兄の太郎で上手くいったことを、弟の次郎にやってみても、必ずしも上手くいく保証は何もありません。その子その子に合わせた働きかけや対応が、能力を大きく開花させることにつながります。

子育てに関する本を読んで内容に共感をしても、わが子に実践するには工夫がいります。工夫ができるかどうかが、大きな分かれ道です。乳幼児教育でキーワードは何かと問われたら、私は迷わず『乳幼児教育は工夫、工夫の連続』と答えます。

大きな不公平には目をつむり、小さな不公平を騒ぎ立てる

知識や技能を見るマークシート方式の大学入試センター試験が廃止され、2021年1月にマークシートに加え記述式の問題を入れ、英語においては民間試験をおこなう予定で大学入試制度の改革が進んでいました。

テレビ番組で司会者の「(英語の)民間試験を使えば、お金や、場所、地理的な条件などで恵まれている人が、(民間試験を)受ける回数が増えるのか、それによる公平性はどうなのか」という質問に対して、「それを言ったらあいつ予備校へ通ってずるいよな、というのと同じだと思う。裕福な家庭の子が回数を多く受けてウォーミングアップできることがあるかもしれないけど、そこは自分の身の丈に合わせて2回を選んで勝負して頑張ってもらえば……」と、文部科学大臣が発言しました。

私は、文部科学大臣は端的に実情を述べられたと感じました。ところが、この発言に、文科大臣は格差と不公平を容認していると、受験生や教育関係者から怒りの声が上がりました。なんと、野党は、大臣の辞任を求めていると新聞に書かれていました。

このことが、そんなにも不公平なことなのでしょうか。もっと大きな不公平には目をつ

ぶりながら、何を騒ぎ立てているのかという憤りに近い思いに駆られました。

英語の民間試験を受験する回数が2～3回増えることは、不公平には間違いがありませんが、目くじらを立ててとやかく言うような不公平ではありません。大学受験には、もっと大きな不公平が横たわっています。

私の住んでいる地域の有名私立中学校、高校に通う生徒は、土曜日も通学をして勉強をしています。夏休みなどの長期の休みも、公立の学校と比べて短い休み期間の学校があります。他の地域にある有名私立中学校、高校も似たり寄ったりだと思います。

私立の偏差値が高い中高校は、地元にある公立の学校と比べて、成績のよい生徒が通っています。成績のよい生徒が多くの時間を学校で学び、中学校へ入学してから6年後の大学入試で、公立の学校へ行った生徒と同じ土俵で勝負をします。結果は、火を見るよりも明らかです。

多くの有名大学に合格者を輩出している中高一貫教育の私立校は、中学校で習う3年間の内容は高校で習う内容よりやさしいので、2年間で学習をします。つまり、中学校2年生の終わりには、中学校の3年生の内容を学び終えます。中学校3年生から高校2年生の3年間で、高校で習う3年間のことを学習します。そして、高校3年生になると、1年間は受験対策の勉強をします。これらのことこそが、大きな不公平です。

このことに比べれば、文部科学大臣の言った英語の民間試験受験のようなことは、取るに足らない小さな不公平です。

不公平をなくすなら、私立中学・高校の一貫校へ行った生徒と、公立の学校で学ぶ生徒の条件を、できる限り同じようにするのが、本当の意味での公平です。本質的かつ広範囲にわたって公平とは何かを考えないで、言葉の揚げ足を取って話題にするようなことは慎むべきです。

努力すれば行きたい学校へ進学できる状態を担保することが大切

教育は、子どもの将来、ひいては国家の将来に大きな影響を及ぼします。だから、教育に関する記事や発言は注意深く見ることが必要です。

時代が遡りますが、私の育った県は、知事が『15歳の春は（生徒を）泣かせない』と言って、学区制度によって、住んでいる地域により通学する高校は決められていました。

中学生の時に切磋琢磨する機会は消え、公立の進学校はなくなり、公立高校へ進学する生徒の学力は見る見る落ちていきました。

公立高校は、どの学校も同じような低レベルになり、その結果、東京大学、京都大学や有名私立大学への現役合格は、公立高校からは極端に少なくなりました。

そして『18歳の春に生徒は泣く』という言葉が巷に広がりました。行きたい大学に現役で合格できるのは、私立中学・高校に行っている経済的余裕がある裕福な家庭の子どもが占めるようになりました。私のように経済的に裕福な家庭でない生徒は、憧れる大学への進学が難しくなりました。

しかし、このような学区制度に対して、当時はだれも批判をしないで、過酷な受験勉強から子どもを守り、健全な成長を考えたすばらしい制度だと、地元のマスコミなどはこぞって賞賛していました。

幸いにも、今は当時の暗黒のような学区制度はなくなり、公立中学校・高校に進学して努力をすれば、行きたい大学へ進学できるようになりました。

経済的に厳しい場合、学力を担保するには

経済的に厳しく塾などに行けない場合、子どもの学力を担保するには、やる気、集中力、復習がキーワードになります。何事でもやる気が一番大切です。大人が何も言わなくても、ビデオゲームに子どもたちは熱中します。

片や勉強は、どうでしょうか。いくら言っても、やろうとはしません。この差は、どこから来るのでしょうか。

ビデオゲームは、子どものやる気を、実に上手に引き出しています。最初はだれでもできるところから、または、少し努力するとできる箇所から始めます。そして、1つの段階をクリアすると次の段階は、ほんの少しだけ難しくなっています。スキルの向上に合わせてちょうどよい目標設定がされています。

このことを学習に適用すればよいのです。問題の難易度が少しずつ緩やかに難しくなっているスモールステップの問題集を使って、子どもの学力に合った箇所の学習をおこなってみてはいかがでしょうか。

学習で成果を上げ、時間を有効に活用するのに集中力は必要です。

しかし、普段、何も意識をしないでいると、次から次へと色々なことが頭の中をよぎります。学習をしていても、ふと関係のない別のことが頭の中に浮かんできます。

集中するには、工夫が必要なのです。それには、何を、いつまでにするのかを決めてから、取りかかるようにすればよいのです。そうすると、脳はそのことを意識して、目の前のことに集中します。取りかかりと取りやめの時間を明確にして、課題に取り組めば、ダラダラと学習をすることはなくなります、メリハリのついた学習ができます。練習問題をする時には、目標タイムを決めて取り組んでください。

エビングハウスの忘却曲線は何かを学んだ時、1時間後には56パーセント、1日後には67パーセント、6日後には75パーセント忘れることを示しています。学校で習ったことを、そのままにしておくと忘れてしまいます。学力を定着させるには、復習が必要不可欠です。だからテストや通知表でよい成績を得るには、復習と繰り返しを嫌がらずにすることが大切になります。

教科書の練習問題や問題集に直接答えを書き込めば、1度しか使えません。ノートを活用してそこに答えを書けば、同じ箇所を3～4回とすることができます。当然、繰り返し学習した方が学力は定着します。初めて解いた時と比べて、すらすらと解けるようになったと感じるようになるまで、学習をしてください。そうなれば、学習への負担感は少なくなり、誤りは減って、学力がつき学習への達成感も湧いてきます。

英語などの語学においては、1度習った箇所を覚えるぐらいに繰り返し音読することは、学習成果を上げるために有効な手段です。

私は、国会議員、ニュースキャスター、首相の首席秘書官であり、同時通訳の神様と言われている方と、2回ほど食事をともにし、その時に「先生のように、英語を流暢に操るようになるにはどうすればよいのですか」と質問をしたことがありました。そうすると「何も難しいことはない。頭のよし悪しは、関係がない。繰り返しおこなう忍耐力があるかないかだけのことだ。意味のわかる英語を繰り返し音読して、(意味のわかる)英文を頭の中に蓄積していけばよい。ただ、それだけのことだ」と言われました。

音読は、英語以外の教科にも効果があります。理科、社会、国語などの教科も繰り返し音読をして、ページの最初の言葉を言えば、後は教科書を見ないでもすらすらと言えるような状態になるまで音読ができれば「たかが音読、されど音読」です。しっかりとした学力が身についています。また、音読は目で文字を読み、口で声に出し、耳で声を聞きます。3つの器官をフル稼働させ、思考力や判断力を司る前頭前野を活発に働かせます。脳の活性化にもつながります。

おわりに

教育に関しては多くの評論家が様々なことを言って、百家争鳴のような状態です。しかしながら、科学的根拠をもとにして、数値化して客観的に教育は語られていません。教育において述べられたものには、科学的根拠があるものは、はっきり言って少ないというのが現状です。たとえあったとしても、母集団の数が少ないものや、外国でおこなったものを引用しています。

また、わが子の教育で成果があったことを中心として書かれた本はたくさんあります。しかし、それはいち家庭の子という極めて限定された中での効果です。その内容を読まれた方が実践されて上手くいく場合もありますが、環境や個々の状況が異なりますので、必ず成功する保証はどこにもありません。

この本に書いている内容は、仮説を立て、実践をおこない、データを用いて検証するような観点からの記述はしていません。私の長年にわたる教育現場での体験や多くの事例から、子どもの学力を伸ばす共通点を探しだしてまとめてみるような形式で記載をしました。

生活全般でちょっと知っていれば便利な物事や工夫の類いを、今はあまり使わなくなりましたが「おばあちゃんの知恵袋」と呼んでいました。しかし、「おばあちゃんの知恵袋」は、明確な科学的根拠をもとにしてつくられたのでしょうか。

そんなことはありません。伝えられた生活経験の中からつくられ、知っていればとても役立つものです。

本書の内容が、子育てやわが子の教育を考える際に「おばあちゃんの知恵袋」のような存在になればと願っています。

著者プロフィール

頌徳 善導（しょうとく ぜんどう）

1953年、京都市生まれ。

1976年に入社した塾は、塾ブームを背景に日本最大級の塾に発展。入社してから退職するまで一貫して、多くの生徒情報が集まる、生徒を教える先生をサポートする地域の拠点部門に勤務。

そこで得た多くの生徒事例から乳幼時期の子どもへの働きかけ、学力に合わせた学習の大切さを痛感。60歳からはシニア社員として現役時代の経験から培った知見をもとに、ゼミ活動、保護者向けの講演、私立中学校・高校の教職員研修の講師や私立小学校の課外活動で英語の指導をおこなうなど幅広く活動。

シニア社員退職後は、依頼内容を吟味して自主研などの講師などの活動をおこなっている。

子どもの力を伸ばすために本当に必要なこと

～日本最大級の教育組織で40年以上、現場で見えてきた答え～

2021年5月15日　初版第1刷発行

著　者　頌徳 善導
発行者　瓜谷 綱延
発行所　株式会社文芸社
〒160-0022　東京都新宿区新宿1－10－1
電話　03-5369-3060（代表）
03-5369-2299（販売）

印刷所　株式会社フクイン

ISBN978-4-286-22604-0